ELİMİZDEKİ BÜYÜK AVANTAJ

İŞİNİZDE KUTSAL RUH'UN GÜCÜNÜ SERBEST BIRAKIN

ELİMİZDEKİ **BÜYÜK AVANTAJ** İÇİN ÖVGÜLER

"Dr. Jim'in Elimizdeki Büyük Avantaj olarak Kutsal Ruh'a nasıl katılacağınız konusundaki öğretisini uyguladığınızda, iş hayatınızın dönüşümsel bir değişim geçirmesini bekleyebilirsiniz."

— L. HEYNE
California, ABD

"Birçoğumuzun içimizdeki Kutsal Ruh'un gücüne dokunması ve işle ilgili misyonlarını tam olarak yaşaması için yolu açıyorsunuz."

— S. HEARTY
Emerald Isle, İrlanda

"Kutsal Ruh hakkında bu kadar faydalı ve pratik bir kitapla hiç karşılaşmamıştım. Bu kitabın etkilerini şimdiden içimde hissedebiliyorum. Bu kitabı kesinlikle herkese tavsiye edeceğim. Bu çok ihtiyaç duyulan mesajı yazdığınız için teşekkür ederim. Çok teşekkürler!"

— A. HEAL
Avustralya

"Görüşleriniz faaliyet sonuçlarımı hızlandırmama ve hizmet verdiğim insanlar üzerinde daha büyük etki yaratmama yardımcı oldu; bana da hem kişisel hem de profesyonel tatmin getirdi. Konuyu bu kadar sade ama derin bir şekilde ele almanızı takdir ediyorum."

— M. TSOLO
Afrika

"Bir avukat olarak, işe gitmeden önce her sabah *Elimizdeki Büyük Avantaj* kitabınızdaki ilkeleri kullanıyorum. Kitabınızı yakın zamanda bir adli davada kullandım ve mahkeme salonu ile savcılık ofisi arasındaki konferans odasında işaretler ve mucizeler iş başındaydı. Şimdi kitabınızı işyerinde gördüğüm herkese tavsiye ediyorum."

—S. Williams
Arizona, ABD

"Bu kitap bir hazine. Çok iyi yazılmış, İncil'e uygun, okuması kolay. Alıştırmalar ve grup tartışma soruları çok değerli."

—C. Lutz
Zürih, İsviçre

"*Elimizdeki Büyük Avantaj,* amansız bir gerçeği yenilikçi bir şekilde gözler önüne seriyor: Kutsal Ruh tarafından yönlendirilmek."

—S. Satterfield
Georgia, ABD

"Dr. Jim, bu olağanüstü kitapta bize Tanrı'nın, piyasada faaliyet gösteren Hıristiyanlara zamana meydan okuyan iş prensiplerinden oluşan bir kural kitabından daha fazlasını sunduğunu öğretiyor. İşimin kontrolünün daha fazlasını Kutsal Ruh'a, *Elimizdeki Büyük Avantaj*'a devretmeme yardımcı oldu."

—D. Shearer
Kuzey Carolina, ABD

ELİMİZDEKİ BÜYÜK AVANTAJ

İŞİNİZDE KUTSAL RUH'UN GÜCÜNÜ SERBEST BIRAKIN

DR. JIM HARRIS

High Bridge
Books & Media

Elimizdeki Büyük Avantaj:
İşinizde Kutsal Ruh'un Gücünü Serbest Bırakın
yazan Dr. Jim Harris

Amerika Birleşik Devletleri'nde basılmıştır

ISBN: 978-1-962802-35-2

© 2015 ve 2025, Dr. Jim Harris tarafından

Bu kitap, iş insanlarının Tanrı'nın sesini nasıl duyacaklarını öğrenmelerine yardımcı olmak amacıyla Kutsal Ruh'tan ilham almıştır. Bu, dünyayla paylaşılacak bir tohumdur. Bu nedenle, bu kitaptan istediğiniz şekilde alıntılar ve öğretileri paylaşmanız için size tam izin veriyoruz. Çünkü bu dersler iyi insanlara yayıldıkça, İsa'nın Krallığı için dünya çapında büyük bir hasat olacaktır.

High Bridge Books'un yayınladığı kitaplar eğitim, iş, bağış toplama veya satış promosyonu kullanımı amaçlı olarak toplu olarak satın alınabilir. Daha fazla bilgi için lütfen www.HighBridgeBooks.com/contact adresinden High Bridge Books ile iletişime geçiniz.

Tüm tanımlar Merriam-Webster, Incorporated Copyright © 2015 dijital uygulamasından alınmış ve Türkçeye uyarlanmıştır.

Aksi belirtilmediği sürece, kutsal yazı alıntıları Mac için The Bible Study App Sürüm 5.4.3 (5.4.3.1) Copyright © 1998-2013 Olive Tree Bible Software aracılığıyla The New King James Bible'dan alınmıştır.

ESV olarak işaretlenen kutsal yazı alıntıları, Good News Publishers'ın bir yayın bakanlığı olan Crossway tarafından ESV® Bible'dan (The Holy Bible, English Standard Version®) © 2001 alınmıştır. İzin alınarak kullanılmıştır. Tüm hakları saklıdır.

Kapak tasarımı High Bridge Books'a aittir

High Bridge Books tarafından Houston, Texas'ta yayınlanmıştır

İÇİNDEKİLER

GİRİŞ _____ 1

1. Sizi Yönlendiren Şey Ne? _____ 3
2. Büyük Değişim _____ 17
3. Önümüzdeki Engeller _____ 31
4. Nasıl Hazırlanmalı _____ 45
5. Elinizdeki Büyük Avantajı Kullanın _____ 73
6. Devam Edin _____ 131

1001 Sorunun Cevabı _____ 147
Önemli Ayetler _____ 149
Bir Davet _____ 153

TEŞEKKÜRLER

HER ŞEYDEN ÖNCE, BU KİTABI YAZARKEN BANA rehberlik eden Tanrı'ya, kurtarıcım İsa'ya ve Kutsal Ruh'a şükrediyorum. Tek dileğim, Senin sözlerini sadakatle kaleme almak ve Senin kalemin olmaktır. Dilerim ki bu kitap Seni memnun eder.

Durdurulamaz bir ruhsal savaşçıya dönüşen eşim ve ebedi hayat arkadaşım Brenda'ya teşekkür ederim. Sen ve sonsuz desteğin olmadan, Rab'bin çağrısını yerine getiremezdim. Cennete kadar elini gururla tutacağım!

Sakin ruhu, derin bilgisi ve tutarlı tanıklığıyla bana yıllarca rehberlik eden, öğreten ve beni cesaretlendiren iyi arkadaşım ve din kardeşim Kyle Winkler'a özel teşekkürler.

Zorlu sınavlar, hızlandırılmış ruhsal gelişim ve Kutsal Ruh'la muhteşem karşılaşmalar yaşadığım yolculuğumda ruhsal ve dünyevi rehberlikleri için Pastörler Arnie McCall, Buford Lipscomb ve Rick ve Jennifer Curry'ye büyük bir teşekkür borçluyum.

Ayrıca ruhsal mentorlarım ve Mesih inancına sahip yakın kardeşlerime de teşekkürler—Ben Watts, Tony Chavez ve Steve Jones.

Olağanüstü düzenleme, kitap yayınlama ve pazarlama çabaları için High Bridge Books'tan Darren Shearer'a teşekkür ederim. Gerçekten en iyi sizsiniz!

Son olarak, Branson, Missouri ve Sarasota, Florida'da bulunan Faith Life Church'ün Pastörü Keith Moore'a çok özel bir teşekkür etmek istiyorum. Sadece iki yılda, vaaz seriniz ve Word Life Supply hizmetiniz, inancımı kilisede geçirdiğim son 60 yılım boyunca öğrendiğim her şeyin kat kat ötesinde büyüttü. Bu kitabın çoğu bana öğretilerinizi uygulayarak vahyedildi. İnsanlığınız ve hizmetiniz için size sonsuza dek minnettarım.

*İşlerinde Tanrı'yı yüceltmeyi
derinden arzulayanlara.*

GİRİŞ

YÖNETİCİLERİ İŞLERİNDE TANRI'YI YÜCELTME İSTEĞİ duyan kâr amacı güden bir firmada çalışıyorsanız, bu kitap tam size göre!

Bu kitabın hedef kitlesi benim %2'liler dediğim kişilerdir. %2'liler, iş hayatında Kutsal Ruh tarafından yönlendirilen inançlı kişilerdir, iş hayatında yaptıkları her şeyde Tanrı'nın Ruhu tarafından yönlendirilmeyi gerçekten arzulayan bir erkek veya kadındır.

%2'liler olarak, pazarınızda sınırsız, şaşırtıcı ve heyecan verici bir rekabet avantajına sahipsiniz ve şimdiye kadar muhtemelen bunu yeterince kullanmıyordunuz.

Bu kitabın amacı, iş hayatındaki büyük rekabet avantajınızı Tanrı'nın yüceliği için açığa çıkarmanıza ve serbest bırakmanıza yardımcı olmaktır!

Müzisyen Keith Green bir seferinde şöyle demişti:

> Eğer biri harika bir hikaye yazarsa, insanlar yazarı över, kalemi değil. İnsanlar, 'Ah, ne inanılmaz bir kalem... harika hikayeler yazabilmek için böyle bir kalemi nereden bulabilirim?' demezler. Ben sadece Rab'bin elindeki bir kalemim. Yazar O'dur. Tüm övgüler ona gitmelidir.

Tıpkı Keith gibi ben de sadece bir kalemim.

Bu kitabın hayatınız üzerinde ne gibi bir etkisi olursa olsun, tüm yüceliği Rab'be aittir!

—Dr. Jim

1

Sizi Yönlendiren Şey Ne?

Ve eğer Rab'be kulluk etmek gözünüzde kötü ise, atalarınızın kulluk ettikleri Irmak ötesindeki ilâhlara mı, yahut memleketlerinde oturduğunuz Amorîlerin ilâhlarına mı, kime kulluk edeceğinizi bugün seçin; fakat ben ve evim halkı, biz Rab'be kulluk edeceğiz..

—Yeşu 24:15

HERKES BİR ŞEY TARAFINDAN YÖNLENDİRİLİR. SİZ görseniz de görmeseniz de, şu anda—tam şu anda—bir şey sizi yönlendiriyor.

Geminizin dümeninde bir şey var, yönünüzü belirliyor, rotanızı belirliyor ve nihayetinde hayatınızı etkiliyor.

Ebeveynleriniz veya velileriniz, muhtemelen siz çocukken sizi besleyen, size barınak ve giyecek veren ve neyin kabul edilebilir ve beklenebilir olduğunu öğreten kişilerdir. Sizi korudular, beslediler ve hatta bazen şımarttılar. Kişiliğinizi biçimlendiren ilk yıllarınızda sizi yönlendiren başlıca kişiler onlardı.

Okula gitmeye başladığınızda, artık sizi yönlendirmeye daha fazla insanın dahil olduğunu hızla öğrendiniz. Yakın aileniz ve mahallenizin dışında başkalarıyla nasıl yaşayacağınıza dair yeni ve bazen rahatsız edici gerçekleri öğrenmek zorunda kaldınız.

Liseye ve belki de üniversiteye girdiğinizde bu dış etki büyümeye devam etti. Size karışık sinyaller gönderen ve davranışınızı etkilemek için çeşitli seviyelerde baskı uygulayan birçok ses tarafından yönlendiriliyordunuz.

Farkına varmadan, düzinelerce sesin sizi yönlendirmek istediği "gerçek dünyaya" atıldınız... patronlarınız, nişanlınız, eşiniz, müşteriler, pazarlamacılar ve daha birçok kişi.

Önemli nokta: Siz ve ben bir şey tarafından yönlendiriliyoruz. Ve neye göre yönlendirilmeye karar verirseniz verin, bunun iş hayatınız da dahil olmak üzere hayatınız üzerinde bazen kalıcı ama her zaman derin bir etkisi olur.

Bu kitabın sahibi olarak, işinizde büyük ihtimalle bir lidersiniz. İster zirvede, ister ortalarda veya yeni başlıyor olun, başkalarını etkilersiniz. Bu nedenle, gerçekten de liderlik etkiniz ve potansiyeliniz var.

Bir Lider Ne Yapar

Bu kitabın ilk baskısından itibaren (17.06.2015), Amazon.com'da listelenenler...

- "iş kitapları" için 4.303.934 sonuç
- "liderlik kitapları" için 178.180 sonuç
- "iş dünyası liderliği" için 25.511 sonuç
- "Son 90 günde" yayınlanan 744 yeni yayın ve "Çok Yakında" çıkacak 180 yayın

Bu kitapların çoğunun (%98 veya daha fazlası) bir liderin başkalarına nasıl liderlik etmesi gerektiğine dair beş, yedi, on veya hatta 21 kritik niteliği, becerisi veya yetkinliğini paylaştığını garanti ediyorum. Tıpkı onlar gibi bir lider olmak için kullanabileceğiniz en iyi uygulamaların sırlarını paylaşıyorlar.

Son 30 yıldır liderlik üzerine binlerce kitap ve makale okudum. Kütüphanemde en iyilerin en iyisini ararken, içeriklerini ve temel noktalarını düşündüğümde, birçoğunun aynı göründüğünü ve kulağa aynı geldiğini görüyorum. Çoğu, sadece biraz farklı şekillerde ifade edilen aynı fikir ve kavramlarla dolu.

Harika bir liderin ne yaptığını anlatan ve her gün yayınlanan blog, tweet ve gönderi sayısından bahsetmeli miyim? Sanırım daha önce bahsetmiştim.

Başkalarının günümüzde herkesin ihtiyaç duyduğu lider olma yolunun ne olduğunu söyledikleri, düşündükleri veya ilan ettikleri yazılara boğulmuş durumdayız.

Bu genellikle ilginç, zaman zaman da derin olabilen eserler tek bir önemli soruya odaklanıyor: Bir lider ne yapar?

Tam olarak sorulacak yanlış soru da bu. Bir liderin ne yaptığı (davranışı, iletişim tarzı, karar alma yeteneği, vb.) bilmeniz gereken en önemli unsur değildir. Hiç kimsenin sormadığı çok daha derin ve gerekli bir soru vardır.

Doğru Soru

Mevcut tüm liderlik yazılarını ve öğretilerini taradığımda, doğru soruyu ilk elden gündeme getiren bir tanesini dahi bulamıyorum.

Doğru soruya verilen cevap kaçınılmaz olarak sadece liderin değil, aynı zamanda liderlik ettiği herkesin kaderini de belirler.

Doğru soru: Lideri yönlendiren şey nedir?

Şimdi biraz kişisel sorular soralım. Daha önce hiç...

- Sizi lider yapan şeyin ne olduğunu düşündünüz mü?
- Liderliğinizde neye güvendiğinizi değerlendirmek için bir adım geri atarak uzaktan baktınız mı?
- Bir iş insanı olarak sizi gerçekten neyin yönlendirdiğini düşünmek için yeterince zaman ayırdınız mı?

Sizi yönlendiren şey, nihayetinde liderliğinizde ve işinizdeki rolünüzde ortaya çıkar.

Sizi yönlendiren şey, çalışma, başarılı olma ve bir miras bırakma yeteneğinizin kalbinde yer alır.

İçinizde bir fırtına koparma veya gereksiz bir alarm zili çalma riskine rağmen, kendinize şunu sormalı ve karar vermelisiniz: Nihayetinde sizi yönlendiren şey ne? Ancak ve ancak o zaman, yürüdüğünüz yol veya liderliğiniz için potansiyel olarak daha heyecan verici ve derin bir temelde devam etmek konusunda doğru kararı verebilirsiniz.

Sizden potansiyel olarak radikal ve hayat değiştirici bir liderlik hamlesi yapmanızı istemeden önce, liderleri yönlendiren en yaygın motivasyonlardan bazılarını inceleyelim.

1.1. ŞİRKET YÖNETİCİLERİNİ YÖNLENDİREN DOKUZ YAYGIN MOTİVASYON KAYNAĞI

Şirket yöneticilerini yönlendiren 100 veya daha fazla motivasyon kaynağını listelemek kolay olurdu, ancak bunlar genellikle aşağıdaki kategorilerden biri altında değerlendiriliyor.

İşte buna "Sizi Yönlendiren Şey Ne" listesi diyorum. Bu liste, iş hayatımda geçirdiğim 30 yılı aşkın süre boyunca gördüğüm en belirgin liderlik türlerinden oluşuyor.

Not: Bu kitabı yazarken blog okuyucularımdan liderlerin her kategoriyi yansıtan ifadelerini yorumlamalarını istedim. Bu yorumların sadece birkaçını ekledim. Yorumlarını paylaşan herkes kitabın ücretsiz bir kopyasını alacak. Bültenime kaydolmak ve www.DrJimHarris.com adresinden benimle birlikte yürümenin faydalarını görüyorsunuz.

1: Beyin Odaklı

Beyin odaklı liderler her şeyi analiz etmek için beyinlerini kullanırlar. Daha fazla bilgi, ayrıntı, rapor ve analiz ararlar. Son kararlarını vermek için mantığa ve elektronik tablolara güvenirler. Beyin odaklı liderler genellikle birincil tercihleri olarak analiz etme ve eleştirel düşünme yeteneklerine aşırı güvendiklerini fark ederler.

Beyin odaklı iş dünyası liderleri şu gibi şeyler söyler...

- "Bu harika bir fikir. Hadi yapalım."
- "Bir rapor daha hazırlayalım."
- "Rakamlar yalan söylemez. Rakamlar ne diyor?"
- "Bunu daha önce neden ben düşünmedim?"
- "Düşünme şeklini beğendim."
- "Bana rakamları göster. Kararlarımızı tahmin ederek değil, bilerek alırız." (Curt Fowler, blog yorumcusu)

2: Para Odaklı

Para odaklı liderler kazanılacak veya kaybedilecek para miktarına odaklanır. Küresel finans piyasaları tamamen para odaklıdır. Para kazanmak, kâr amacı güden bir işletmede mutlak bir zorunluluktur. Ancak, para odaklı liderler nakit akışının, kârın ve marjların hemen hemen her iş kararında baskın faktörler olmasına izin verir.

Para odaklı iş dünyası liderleri şu gibi şeyler söyler...

- "Bundan çok para kazanacağız."
- "Bu kar marjlarını seviyorum."

- "Maliyetleri daha fazla nasıl azaltabiliriz?"
- "Kazanç kalitesini umursamıyorum. Rakamlar rakamdır ve ben de kendi rakamıma ulaşmak istiyorum." (Sidney Bostian, blog yorumcusu)

3: İnovasyon Odaklı

İnovasyon odaklı liderler, işletmeyi büyütmek için sürekli olarak en son teknoloji, dijital veya yaratıcı platformu ararlar. En son yükseltme, uygulama, yazılım, web sitesi, pazarlama tekniği veya benzersiz konsepte aşık olurlar, hatta başları döner. Herhangi bir sürdürülebilir işletme için iyileştirmeler açıkça gerekli olsa da, inovasyon odaklı liderler genellikle "yeni" olan her şeyi zorlarlar.

İnovasyon odaklı iş dünyası liderleri şu gibi şeyler söyler...

- "Elon Musk olsa ne yapardı?"
- "Hemen yükseltme yapmalıyız, yoksa pazar payımızı, müşteri sadakatimizi ve... kaybederiz!"
- "Yenilik yap ya da bu işi bırak!"
- "Bazen müşterilerimizi gitmeleri gereken yere götürmemiz gerekir."
- "Bu çok harika olacak!"
- "Bunda yeni ve heyecan verici olan ne var?" (Jason Pyne, blog yorumcusu)

4: Fırsat Odaklı

Fırsat odaklı liderler önlerine çıkan her açık kapıya coşkuyla atlarlar. Bir sonraki büyük fırsata, stratejik ittifaka veya işlerini daha üst düzeye taşıyabilecek beklenmedik iş fırsatına odaklanırlar.

Fırsat odaklı iş dünyası liderleri şu gibi şeyler söyler...

- "Fırsat elimize geçmişken bunu değerlendirmeliyiz."
- "Bu fırsatın elimizden kayıp gitmesine izin veremeyiz."
- "Vay canına! Ne kadar da açık bir kapı! Hadi başlayalım!"
- "Elbette, bu fırsat şirketimizin vizyonunun biraz dışında ama bence çabamıza değecek." (Curt Fowler, blog yorumcusu)
- "Duvara ne kadar çok fırlatırsak, o kadar çok yapışır." (Sharon Kendrew, blog yorumcusu)
- "Eğer ... yaparsam ... olacağını biliyorum!" (Jesus Estrada, blog yorumcusu)

5: Fiyat Odaklı

Fiyat odaklı liderler, 2 numaralı para odaklı liderlere kuzen kadar yakındır — küçük bir istisna dışında. Fiyat odaklı liderler, öncelikle ne kadar para kazanabileceklerine odaklanmak yerine, ne kadar az para harcayabileceklerine bakarlar ve her zaman en ucuz fiyatı ararlar.

Fiyat odaklı liderler şu gibi şeyler söyler...

- "Bunun üzerinde gerçekten ciddi çalışmamız gerekiyor."
- "En iyi seçenek bu çünkü en ucuzu." (Darren Shearer, blog yorumcusu)
- "Hey, her satış iyi bir satıştır." (Aric Johnson, blog yorumcusu)

- "Her şey pazarlığa açıktır." (Howard Drake, blog yorumcusu)
- "Ucuz ve iyisini istiyoruz!" (Angeline Teoh, blog yorumcusu)

6: Uzman Odaklı

Uzman odaklı bir lider, her zaman bir konuşmacı, yazar veya danışmandan gelecek yeni, harika bir konsepti arayışı içinde, kolayca en son yönetim veya liderlik furyası tarafından yönlendirilir. Uzman odaklı liderler, genellikle "yeni" iş konseptini, işlerinde nasıl kullanılması gerektiğini veya kullanılıp kullanılmaması gerektiğini değerlendirmek için zaman ayırmadan hızla bunu uygularlar.

Evet, bunu dahil etmek beni biraz üzüyor çünkü dünyanın dört bir yanındaki profesyonellerle konuşuyor, yazıyor ve koçluk yapıyorum. Yine de, iş ortaklarımın benim tarafımdan bile "uzman odaklı" olmasını İSTEMİYORUM!

Uzman odaklı liderler şu tür şeyler söyler...

- "Bir sektör dergisinde, şunu yapmamız gerektiğini söyleyen bir makale vardı..."
- "İş konferansından harika bir fikir aldım... Hadi yapalım!"
- "Rakiplerimiz bu yeni kitabı okuyor. Sizin için de kopyalarını getirdim. Onlara ayak uyduralım."
- "Bütün sektör bunu yapıyor."
- "Alandaki en iyi uzmanı bulup onu buraya getirelim."
- "[Bir iş uzmanının adı]'a göre, biz de bunu yapmalıyız, değil mi?" (Jason Pyne, blog yorumcusu)

7: Baskı Odaklı

Baskı odaklı liderler acil durumlarda veya kriz durumlarında daha iyi çalıştıklarını iddia ederler. İşler iyi gidiyor olsa bile, herkesin daha fazlasını yapması ve daha çok çalışması için daha fazla baskı oluşturmak amacıyla gereksiz kriz ortamı yaratmak isterler. Baskıya maruz kalan liderler istemeden başkalarına gereksiz ve alakasız baskılar uygularlar.

Baskı odaklı iş dünyası liderleri şu gibi şeyler söyler...

- "Bunu HEMEN yapmalıyız! Bahane yok!"
- "Zaman paradır ve daha fazla zaman kaybedemeyiz."
- "Başarısızlık bir seçenek değil."
- "Nasıl yaptığımız umurumda değil, ama hemen yapmalıyız!" (Jason Pyne, blog yorumcusu)
- "Tam gaz ileri!" (Robins Duncan, blog yorumcusu)
- "Çok çalışmalı ve bunu başarmalıyız. Bitirdikten sonra uyuruz." (Aric Johnson, blog yorumcusu)

8: Duygu Odaklı

Duygu odaklı liderler, bir adım atmadan önce duygularını ve hislerini sürekli olarak değerlendirirler. Duygu odaklı liderler, iş hayatında korku, endişe, heyecan, rahatlık veya güvenlik hissiyle derinden etkilenir ve sıklıkla bunaldıklarını hissederler. Duygu odaklı liderler zayıf liderler değildir; sadece bazen duygularının ve hislerinin iş uzmanlıklarını ve bilgeliklerini bastırmasına izin verirler.

Duygu odaklı liderler genellikle şu gibi şeyler söyler...

- "Bundan korkuyorum."
- "Kalbim buna hayır diyor."

- "Bu bizi acıtacak."
- "Vay canına, hiçbir şey için bu kadar heyecanlanmamıştım."
- "Bu beni gerçekten mutlu ediyor!"
- "Güvenli adımlar atmak pişman olmaktan iyidir!"
(Robins Duncan, blog yorumcusu)

9: Gurur Odaklı

Gurur odaklı liderler kendilerini ve şirketlerini özel, farklı ve eşsiz olarak görürler. Kendilerini ve yaptıkları her şeyi çok ciddiye alırlar. Gurur odaklı liderler genellikle çok kibirli ve kendini beğenmiş olup, herhangi biri veya herhangi bir grup karşısında geri adım atmayı reddederler—hatta hatalı olsalar bile.

Gurur odaklı liderler şu gibi şeyler söyler...

- "Bunu yapmak zorunda değiliz. Biz farklıyız."
- "Bunu onlar denesin. Bizim yapmamıza gerek yok."
- "Sahada neler olduğunu biliyoruz. Sen ofiste kal ve çalışmaya devam et."
- "Sadece bizim yolumuzla yap."
- "Ya dediğimi yap ya da defol git." (Howard Drake, blog yorumcusu)

Samimiyet Kontrolü

Bunları okurken, eminim bu türlerden bir veya daha fazlasına uyan bildiğiniz kişiler olduğunu hemen gördünüz. Daha önemli soru ise, "Kendinizi nerede görüyorsunuz?"

İşte ilk kitap ödeviniz. Sizi neyin yönlendirdiğini açıklayabilecek kutuları işaretleyin.

- [ ] Beyin odaklı
- [ ] Para odaklı
- [ ] İnovasyon odaklı
- [ ] Fırsat odaklı
- [ ] Fiyat odaklı
- [ ] Uzman odaklı
- [ ] Baskı odaklı
- [ ] Duygu odaklı
- [ ] Gurur odaklı

1.2. KORKUTUCU GERÇEK

Zaman içinde, "Sizi Yönlendiren Şey Ne" listesindeki bir veya daha fazla şey bizi yönlendirmiştir. Açıkçası, çoğumuz çoğu zaman bu şeylerden birkaçının birleşimiyiz.

Şimdi, lütfen şunu bir düşünün.

Dokuz " Sizi Yönlendiren Şey Ne" kategorisinin her biri, dünyadaki her kâr amacı güden şirketin %95'inin veya daha fazlasının yönetilme şeklidir!

Bunu çok hızlı geçmeyin. Biraz daha zaman ayırın ve bu ifadeyi düşünün.

Bu dokuz kategori, küresel olarak çoğu işletmenin nasıl yönetildiğine dair basit örneklerdir—liderleri iş dünyasında Hristiyan olduklarını iddia edenlerin bile!

Tek kelimeyle, günümüzün iş dünyası liderleri "Ne" tarafından yönetiliyor. Onlar için her şey fikir, para, fırsat, yenilik, fiyat, uzmanların fikirleri vb. ile ilgilidir. Bu kategoriler, iş insanlarının bunların yönlendirmesiyle kararlarını aldıkları, işlerini kurdukları ve nihayetinde hedeflerine ulaştıkları kategorilerdir.

Ne yazık ki, çoğu %2'li (iş dünyasında Kutsal Ruh tarafından yönlendirilen inananlar) olarak biz de farklı değiliz!

Bizler de büyük ihtimalle laik, inançsız rakiplerimizle aynı şeyler tarafından yönlendiriliyoruz. Neden?

ELİMİZDEKİ BÜYÜK AVANTAJ

Dünyanın iş yapma biçimleri o kadar yaygın, nüfuzlu ve önemli ki, onlar tarafından yönlendirilmemek neredeyse imkânsız.

Dünya sistemi tarafından kontrol edilen tüm iş fikirlerine, kitaplara, analizlere ve piyasa bilgilerine rakiplerimizle eşit erişimimiz var. Bu nedenle, şirketlerimizi aynı şekilde yönlendirirken biz de bu ezici cazibelere yenik düşmeye karşı onlar kadar savunmasızız.

Şimdi, işte korkutucu gerçek.

Eğer iş dünyasının yöntemleri tarafından yönlendiriliyorsanız, rakipleriniz karşısında rekabet avantajınız yoktur!

Sadece yukarıda listelediğim dokuz motivasyon kaynağına güveniyorsanız, iş dünyasında büyük rekabet avantajınızı ortaya çıkarabilecek tek şeyi kaçırıyorsunuz demektir.

Şunu sorduğunuzu duyabiliyorum, "Peki, Dr. Jim... bana kafamı kullanmamam, fırsatlara bakmamam veya işimin finansal yönlerini düşünmemem gerektiğini mi söylüyorsun? Söylediğin bu mu?"

Hayır, hayır, hayır, hayır! Tekrar ediyorum... hayır!

Tanrı sana bir beyin ve sağlam bir zihin verdi. Bunu sana akıl yürütebilmen, düşünebilmen, plan yapabilmen ve kendini geliştirebilmen için verdi. Sana başkalarına karşı duyarlılığını geliştirmen için hisler verdi. Bunları kullanmanı bekliyor.

Cesurca ortaya koyduğum meydan okuma, büyük bir değişim yapmanız, iş hayatındaki büyük rekabet avantajını tam olarak serbest bırakmaya doğru bir değişimden geçmenizdir.

Bu değişim neden " büyük"? Neden önemli bir rekabet avantajı?

Çünkü tek ve tek bir şeye dayanıyor: Ne'yin sizi yönlendirmesinden...

> Dünyayı da dünyaya ait şeyleri de sevmeyin. Dünyayı sevenin Baba'ya sevgisi yoktur. 16Çünkü dünyaya ait olan her şey –benliğin tutkuları, gözün tutkuları, maddi yaşamın verdiği gurur– Baba'dan değil, dünyadandır." (1. Yuhanna 2:15-16)

…Kim'in sizi yönlendirmesine!

Tanrı'nın Ruhu'yla yönetilenlerin hepsi Tanrı'nın oğullarıdır. (Rom. 8:14)

Bölüm 1 Çalışma Kılavuzu

İşinizde sizi en sık yönlendiren 3 motivasyon kaynağı nedir?

1.

2.

3.

İş hayatında Kutsal Ruh tarafından yönlendirilmeyi hiç "büyük rekabet avantajı" olarak düşündünüz mü? Bu siz ve işiniz için neden bu kadar büyük bir avantaj olsun?

Listeniz için dua edin ve Tanrı'dan Kutsal Ruh'u dışında herhangi bir şey tarafından yönlendirilmeye başladığınızda bunu fark etmenize yardımcı olmasını isteyin.

2

BÜYÜK DEĞİŞİM

Ben de Baba'dan dileyeceğim. O sonsuza dek sizinle birlikte olsun diye size başka bir Yardımcı, Gerçeğin Ruhu'nu verecek. Dünya O'nu kabul edemez. Çünkü O'nu ne görür, ne de tanır. Siz O'nu tanıyorsunuz. Çünkü O aranızda yaşıyor ve içinizde olacaktır.

—Yuhanna 14:16–17

İŞ DÜNYASINDA %2'Lİ (KUTSAL RUH ODAKLI İNANAN) olmak için, büyük bir değişim gerekiyor!

Bu büyük bir değişimdir—BÜYÜK bir değişim. İş dünyasının Ne'si tarafından yönetilmekten Tanrı'nın Ruhu tarafından yönetilmeye geçiştir.

Bunu biliyorum. Ben kendim de aynı büyük değişimi yapmak zorundaydım. Tamamen beynin, paranın, inovasyonun, fırsatın, fiyatın, baskının, duyguların ve gururun yönlendirdiği bir durumdan ve sadece Ruh'un yönlendirdiği bir duruma geçmek benim için muazzam bir dönüşümdü.

Bu, dünyanın (inançsız iş dünyası liderlerinin) anlamadığı bir değişimdir, bunu yapamayacakları için değil, sadece İsa'ya inanmadıkları için. Tanrı'nın Ruhu içlerinde yaşamadığı için potansiyel büyük rekabet avantajını elde edemezler.

Büyük değişime başladığınızda, Tanrı'nın sizi yönlendirdiği en temel iki motivasyonu gözden geçirmeniz önemlidir.

Şöyle yazılmıştır: 'İnsan yalnız ekmekle yaşamaz, Tanrı'nın ağzından çıkan her sözle yaşar.' (Matta 4:4)

Sözü hikmetle dinleyen iyiyi bulur. (Özd. 16:20)

Tanrı'nın sizi yönlendirmesinin ilk yolu, Sözü aracılığıyladır. O'nun kusursuz, yanılmaz Sözü size öğretir, ilham verir, adanmanızı sağlar, cesaretlendirir, sizi düzeltir ve çok daha fazlasını yapar.

Her şey Tanrı'nın Sözü ile başlar.

Çünkü Tanrı'nın Ruhu'yla yönetilenlerin hepsi Tanrı'nın oğullarıdır. ... Ruh'un kendisi, bizim ruhumuzla birlikte, Tanrı'nın çocukları olduğumuza **tanıklık eder**. (Romalılar 8:14, 16, vurgular eklendi)

Tanrı'nın sizi yönlendirmesinin ikinci temel yolu Kutsal Ruhu aracılığıyladır. Bu pasaj, bu kitabın süresi ve amacının çok ötesinde olsa da önemli ve üzerinde derinlemesine çalışmanızı hak ediyor.

Ancak Romalılar 8:16'daki bir anahtar cümleye hızlıca bir göz atmak önemlidir: " Ruh'un kendisi, bizim ruhumuzla birlikte... *tanıklık eder*" Kitabın geri kalanında bu cümleye sık sık geri döneceğiz. *Büyük değişim* için neden bu kadar kritik olduğunu işte burada açıklıyoruz.

İsa'yı kabul edip yeniden doğduğunuzda, doğumdan itibaren ölü olan ruhunuz yeniden doğmuştur. Şimdi, hem yeniden doğmuş ruhunuz hem de Tanrı'nın Kutsal Ruhu içinizde yaşıyor. Bu nedenle ruhunuz, içinizdeki Kutsal Ruh ile birlikte tanıklık ediyor.

"Tanıklık ediyor" ifadesi tam anlamıyla içimizde yaşayan bir ortak tanık, her zaman... her yerde çağırabileceğimiz, arayabileceğimiz, sorabileceğimiz, sorgulayabileceğimiz ve bizi yönlendirmesine izin verebileceğimiz Tanrı'nın varlığı anlamına gelir.

Kritik derecede önemli bir gerçek üzerinde anlaşabilir miyiz? Yani... Kutsal Ruh'u içinize aldığınızda, O sadece bir "Cehennemden Ücretsiz Çıkış" kartından çok daha fazlasıdır. Ne yazık ki, çoğu bugün iş hayatında olan milyonlarca inanan Tanrı'nın bizim için tek isteğinin bizi cehennemden kurtarmak olduğunu düşünüyor.

Kiliselerde, kitapçılarda ve internette Kutsal Ruh'un bize öğrettiği, rehberlik ettiği, bizimle konuştuğu, koruduğu ve içimizden çalıştığı birçok yolu inceleyen yüzlerce harika liste, makale ve İncil çalışması olmasına rağmen, çok az inanana Kutsal Ruh'un cennete giden tek yön bilet olmasının ötesinde bir şey öğretiliyor.

İşlerimizde ve profesyonel yaşamlarımızda daha fazla Ruh tarafından yönlendirilmemiz gerektiği ise çok daha azımıza öğretildi, eğitildi veya teşvik edildi.

Yine de Ruh profesyonel yaşamınızın her alanında sizin tanığınız olmaya hazır, istekli ve kadirdir.

2.1. BU MÜMKÜN MÜ?

> *Kapıyı bekleyen ona kapıyı açar. Koyunlar çobanın sesini işitirler, o da kendi koyunlarını adlarıyla çağırır ve onları dışarı götürür. Kendi koyunlarının hepsini dışarı çıkarınca önlerinden gider, koyunlar da onu izler. Çünkü onun sesini tanırlar.*
>
> —Yuhanna 10:3-4

Küresel ekonomi. Talepkar müşteriler. Daha fazlasını yapma, daha fazlasını kazanma ve maliyetleri düşürme yönündeki amansız baskı.

ELİMİZDEKİ BÜYÜK AVANTAJ

Günümüzün küresel iş dünyasında Kutsal Ruh tarafından yönlendirilmeniz mümkün mü?

Cevap gür bir EVET!

Mümkünden de öte; sizin erişiminiz dahilinde.

İncil'in tamamı, O'nun Ruhu tarafından yönlendirilen erkek ve kadınların hikayeleriyle doludur. Ruh, onlarla konuştu ve onlara liderlik etti...

- İbrahim'in taşınmaya hazırlanması,
- Musa'nın Mısır'dan çıkarken halkına liderlik etmeye hazırlanması,
- Yeşu'nun vaat edilen toprakları fethetmesi,
- Nehemya'nın Kudüs surlarını çok kısa sürede yeniden inşa etmesi,
- Ester'in hayatını riske atarak Kral'a cesurca yaklaşması,
- Rut'un Naomi Tanrısına sarılıp ailesini terk etmesi,
- Davut'un Golyat'ı yenmesi ve İsrail'in büyük Kralı olması,
- Süleyman'ın İsrailoğullarına bilgelikle liderlik etmesi,
- İlyas'ın Baal'in sahte peygamberlerini yenmesi,
- Elişa'nın İlyas'ın ruhundan iki kat pay istemesi,
- Yunus'un Sözü vaaz etmesi ve düşmanca bir ülkeyi kurtarması,
- Yusuf ve Meryem'in evlenmesi ve mucize gebelikle Tanrı'nın Oğlu'nu doğurması,
- Simeon ve Anna'nın Yusuf'un İsa'yı sunduğu anda tapınakta olması,
- Luka'nın adını taşıyan İncil'i yazması,

- Petrus'un Yeni Ahit'te ilk kayıtlı vaazı vererek 3.000'den fazla canı kurtarması,
- Ananias'ın Kudüs'teki azizlerin düşmanı Saul'a gitmesi,
- Pavlus'un yaptığı hemen hemen her şey,
- Yuhanna'nın Vahiy'i yazması,
- ...ve daha pek çok şey!

Bunlar, Tanrı'nın Ruhu tarafından yönlendirilen yüzlerce erkek ve kadın örneğinden sadece birkaçıdır.

Hatta Tanrı'nın Oğlu bile şöyle dedi,

> Size doğrusunu söyleyeyim, Oğul, Baba'nın yaptıklarını görmedikçe kendiliğinden bir şey yapamaz. Baba ne yaparsa Oğul da aynı şeyi yapar. (Yuhanna 5:19)

Açıkçası, %2'li biri olarak, siz de farklı değilsiniz. İçinizde yaşayan tam olarak aynı Ruh'tur.

Günümüzde iş hayatında Kutsal Ruh tarafından yönlendirilmek mümkün mü?

Evet. Büyük değişimi gerçekleştirmek için sadece bir hardal tohumu kadar imana (Matta 17:20) ihtiyaç var!

2.2. NEDENDEN *KİM*'E DOĞRU BİR DEĞİŞİM?

İşte büyük değişimi gerçekleştirmeniz için altı güçlü neden.

1: Kutsal Ruh Tanrı'nın aklını bilir.

> *Yazılmış olduğu gibi, "Tanrı'nın kendisini sevenler için hazırladıklarını hiçbir göz görmedi, hiçbir kulak duymadı, hiçbir insan yüreği kavramadı."* Oysa Tanrı Ruh

> *aracılığıyla bunları bize açıkladı. Çünkü Ruh her şeyi, Tanrı'nın derin düşüncelerini bile araştırır. İnsanın düşüncelerini, insanın içindeki ruhundan başka kim bilebilir? Bunun gibi, Tanrı'nın düşüncelerini de Tanrı'nın Ruhu'ndan başkası bilemez.*
>
> —1 Korintliler 2:9–11

Çoğumuz dünyaca ünlü bir CEO veya iş uzmanlarının konuşmacı olduğu bir konferansa katılmanın harika olduğunu düşünüyoruz. Başarılı bir liderin talimatlarını takip etmek, onların bilgeliğinden ve deneyiminden yararlandığımız için harika bir deneyim olabilir. İş dünyasındaki bir uzmanı dinlemekte doğası gereği yanlış bir şey yoktur. Altını çizeceğim önlem, söyledikleri her şeyi her zaman Tanrı'nın Sözü ve içinizde yaşayan Kutsal Ruh'un tanıklığıyla filtrelemenizdir (bunun hakkında daha sonra daha fazla bilgi vereceğim).

Karşılaştığınız her iş olayı, zorluk, engel, fırsat veya karar için yanınızda duran bir insan uzmanı aramaktansa, içinizdeki Tanrı'nın Ruhunu aramak ne kadar daha iyi, değil mi?

Vay canına! Bu iki seçenek arasında karşılaştırma dahi yapılamaz.

Her zaman önce Tanrı'nın bilgeliğini arayalım çünkü O, her zaman işimi herhangi bir kişinin fikirlerinden daha güçlü bir şekilde yönetmemi istiyor!

2: Kutsal Ruh, Tanrı'nın bilgeliğini bize işletmelerimiz için cömertçe veriyor.

> *Tanrı'nın bize lütfettiklerini bilelim diye, bu dünyanın ruhunu değil, Tanrı'dan gelen Ruh'u aldık.*
>
> —1 Korintliler 2:12

Tanrı, Kutsal Ruh'a siz ve işiniz için tüm bilgeliğini ve planlarını, hatta kafanızda hiçbir şekilde anlayamadığınız şeyleri bile çoktan verdi. Kutsal Ruh, bunları size dilediği zaman ve siz istediğiniz zaman verebilir.

Dahası, Kutsal Ruh'un tavsiyesi tamamen ücretsizdir! Onun tavsiyesi zaten içinizde yaşar ve Ruhunuzla tanıklık eder. Yapmanız gereken tek şey istemektir. (Bunun nasıl yapılacağı hakkında daha fazla bilgi kitabın ilerleyen bölümlerinde yer almaktadır.)

3: Kutsal Ruh tüm gerçeği bilir.

Ne var ki O, yani Gerçeğin Ruhu gelince, sizi tüm gerçeğe yöneltecek. Çünkü kendiliğinden konuşmayacak, yalnız duyduklarını söyleyecek.

—Yuhanna 16:13a

%2'li olarak, bu evrenin şimdiye kadar görüp görebileceği en güçlü danışmanın zaten içinizde yaşadığını biliyorsunuz. İşiniz, çalışanlarınız ve meslektaşlarınız, satışçılarınız ve tedarikçileriniz, müşterileriniz ve topluluğunuzun üyeleri... işinizin dokunduğu herkes için O'nun gerçeğinin sizi yönlendirmesine izin verin.

Kutsal Ruh asla yalan söylemez, sizi asla yanıltmaz, asla küçümsemez ve bilmeniz gereken hiçbir şeyi asla göz ardı etmez. Dahası, Kutsal Ruh tarafından gerçeğe yönlendirilmek sizi özgür kılar (Yuhanna 8:32) ve Tanrı'nın işiniz için arzuladığı her şeye ulaşmanızı sağlar.

4: Kutsal Ruh işinizin geleceğini bilir.

...ve gelecekte olacakları size bildirecek.

—Yuhanna 16:13b

Yuhanna bununla ne demek istedi? Kutsal Ruh bana "gelecekte olacakları" mı söyleyecek?

Bugün, yarın ve sonsuza dek işinizde karşılaşacağınız her şeyi zaten bilen, her gün, tüm gün size hizmet eden bir danışmanınız olduğunu hayal edin.

Vay canına!

Bu, Kutsal Ruh'un her sabah bilmeniz veya yapmanız gereken her şeyi size mesaj veya e-posta ile göndereceği anlamına gelmez. Ancak, mükemmel zamanlamasıyla, işiniz için amacını yerine getirmek üzere çıkmanız gereken yolda sizi adım adım yönlendirecektir.

Bazen, Tanrı'nın Kutsal Ruh aracılığıyla verdiği talimatlar kulağa mantıklı gelmeyebilir, örneğin:

- Oğlunu dağda kurban et. (Yaratılış 22:9)
- Yedi gün boyunca şehrin etrafında dolaş, trompetlerini çal, sonra duvarlar yıkılacak. (Yeşu 6:3-4)
- Cüzzamdan arınmak için kendini yedi kez çamurlu bir nehre daldır. (2 Krallar 5:10)
- Tekrar görebilmek için gözlerine tükürük ve çamur sür. (Markos 8:23)

Pek çok durumda, Kutsal Ruh'un yapmanızı söylediği şey hiçbir anlam ifade etmiyordu. Yine de Ruh'u takip etmeye istekli olanlar her zaman zafer kazandı, her zaman kazandı ve her zaman kutsandı.

5: Kutsal Ruh sizi bolluğa yönlendirir.

Bedeninin semeresi, ve toprağının semeresi, ve hayvanlarının semeresi, ve sığırlarının yavruları, ve sürülerinin yavruları bereketli olacak. Sepetin ve hamur teknen bereketli olacak. Girdiğin zaman bereketli olacaksın, ve çıktığın zaman bereketli olacaksın.

—Tesniye 28:4–6

Ve sana vermek için Rab'bin atalarına and ettiği memlekette, Rab bedeninin semeresinde, ve hayvanlarının semeresinde, ve toprağının semeresinde, iyilik için sana bolluk verecek. Senin memleketinin yağmurunu vaktinde vermek, ve elinin her işini mubarek kılmak için, Rab gökleri, kendi iyi hazinesini sana açacak; ve çok milletlere ödünç vereceksin, ve sen ödünç almıyacaksın.

— Tesniye 28:11–12

Tanrı bolluk Tanrısıdır, artış Tanrısıdır... kıtlık veya azalma Tanrısı değildir. Onun arzusu çocuklarını kutsamaktır.

Kutsal Ruh sizi yalnızca en iyi yola, en iyi çalışanlara, en iyi müşterilere ve en iyi fırsatlara yönlendirecektir. Sizi maddi kayıplardan, kötü anlaşmalardan ve yanlış ortaklıklardan veya ittifaklardan uzaklaştıracaktır.

Kutsal Ruh sizi asla sizi veya şirketinizi mahvedebilecek yanlış yola sokmayacaktır (sizi gözden kaçırdığınız daha kötü bir şeyden kurtarmadığı sürece!).

İş hayatında Kutsal Ruh tarafından yönlendirilmek, O'nun bolluğunda yaşamanın en iyi yoludur.

6: Kutsal Ruh sizin 1 Numaralı Danışmanınız, Yardımcınız ve Koçunuzdur.

Rab'be güven bütün yüreğinle, Kendi aklına bel bağlama. Yaptığın her işte Rab'bi an, O senin yolunu düze çıkarır.

—Özdeyişler 3:5–6

ELİMİZDEKİ BÜYÜK AVANTAJ

Değişimi yapmaya karar verdiğinizde (ve sanırım şimdiye kadar buna karar vermişsinizdir), Kutsal Ruh size ne zaman bunu yapmanız gerektiğini söyleyecektir...

- Git
- Kal
- Dur
- İnşa et
- Yatırım yap
- Uyum sağla
- Kaçın
- Ertele
- Bekle
- Büyüt
- Hareket et
- Hazırlan
- İşe al
- Kov
- Al
- Sat
- Koş!

Kutsal Ruh her zaman 1 numaralı İş Danışmanınız, Yardımcınız ve Koçunuz olmalıdır.

2.3. GERÇEK DÜŞMANINIZ

Hırsız ancak çalıp öldürmek ve yok etmek için gelir..

—Yuhanna 10:10a

İşyerindeki gerçek düşmanınız rakipleriniz, tedarikçileriniz, bankalarınız veya çalışanlarınız değildir.

Gerçek düşmanınız piyasa koşulları, küresel rekabet veya nakit akışının eksikliği değildir.

Gerçek düşmanınız Şeytan'dır!

O, Tanrı'nın sesi tarafından yönlendirilmenizi engellemek, dikkatinizi dağıtmak ve doğrudan Kutsal Ruh ile bağlantınız aracılığıyla sizi yoldan çıkarmak için elinden gelen her şeyi yapacak olan kişidir.

Şeytan ısrarla sizin dünya tarafından, onun kontrol ettiği şeyler tarafından yönlendirilmenizi ister (Efesliler 2:2).

Tanrı ise ısrarla sizin Ruhu tarafından, onun kontrol ettiği şeyler tarafından yönlendirilmenizi ister (Romalılar 8:14-16).

> "Çünkü savaşımız insanlara karşı değil, yönetimlere, hükümranlıklara, bu karanlık dünyanın güçlerine, kötülüğün göksel yerlerdeki ruhsal ordularına karşıdır." (Efesliler 6:12)

Dikkatinizi iş hayatında karşılaştığınız gerçek savaşa çevirmenin zamanı geldi.

Bu, evinizde karşılaştığınız savaşla aynı: doğru ile yanlış, iyi ile kötü arasındaki savaş.

Düşmana, çoktan kaybettiğini, 2000 yıl önce çarmıhta yenildiğini hatırlatmanın zamanı geldi.

Ona, işinizde sizi kontrol etmediğini veya etkilemediğini, çünkü artık Kutsal Ruh tarafından yönlendirildiğinizi söylemenin zamanı geldi.

Ona, İsa'nın adıyla kaçması gerektiğini söylemenin zamanı geldi (Yakup 4:7)!

2.4. Aldığınız En Büyük İş Kararı

Bu çağın gidişine uymayın; bunun yerine, Tanrı'nın iyi, beğenilir ve yetkin isteğinin ne olduğunu ayırt edebilmek için düşüncenizin yenilenmesiyle değişin.

—Romalılar 12:2

Hayatınızda vereceğiniz en büyük iş kararı, Kutsal Ruh tarafından yönlendirilen bir lider olmaktır.

Alacağınız başka hiçbir iş kararı şunu yapmaz...

- Ruhunuzu daha yüksek bir seviyede heyecanlandırmaz ve canlandırmaz

- Günlük hayatınıza uygulanması ve entegre edilmesi daha zor olamaz

- İşletmeniz genelinde daha büyük bir ruhsal gücü serbest bırakamaz

- Aile, arkadaşlar, çalışanlar ve müşteriler tarafından daha fazla yanlış anlaşılamaz, hatta alay konusu olamaz

- Daha büyük dünyevi ve ebedi ödüller toplayamaz

- Düşman ve ordusu tarafından daha sert bir şekilde karşı çıkılamaz

Alacağınız diğer tüm kararlarla karşılaştırıldığında, bu karar diğerlerinin hepsinden üstün ve ötededir.

Hatta İsa'nın yargı gününüzde Baba'ya yapacağınız savunmanızda tanıklık edeceği şey üzerinde bile bir etkisi vardır.

Soru şu: "Ruh tarafından yönlendirilen bir lider mi olacaksınız yoksa dünya tarafından yönlendirilen bir lider olmaya devam mı edeceksiniz?"

Zaten karar verdiğinizi biliyorum. Ruhum *büyük değişimi* yapmaya hazır olduğunuzu hissediyor.

Ancak bunu yapmadan önce, hemen önünüze çıkması kaçınılmaz engellere kendinizi hazırlamalısınız.

Bölüm 2 Çalışma Kılavuzu

Ülkenizdeki işinizde Kutsal Ruh tamamen tarafından yönlendirilmenin mümkün olduğuna inanıyor musunuz? Neden olabilir veya neden olmaz?

İşinizde tamamen Kutsal Ruh tarafından yönlendirilmeye geçmek için en büyük zorluğunuzun ne olduğunu düşünüyorsunuz?

Şeytan'ın işinizi hangi şekillerde etkilediğini görüyorsunuz?

Kutsal Ruh tarafından yönlendirilmenin Şeytan'ın işinizi batırma, çalma ve yok etme girişimlerini nasıl bertaraf edebilceğinin bir listesini yapın.

3

ÖNÜMÜZDEKİ ENGELLER

Her yönden sıkıştırılmışız, ama ezilmiş değiliz. Şaşırmışız, ama çaresiz değiliz. Kovalanıyoruz, ama terk edilmiş değiliz. Yere yıkılmışız, ama yok olmuş değiliz.

—2 Korintliler 4:8–9

PAVLUS, MÜJDEYİ VAAZ ETTİĞİ İÇİN ÖNÜNE çıkacak sinavlari biliyordu. Ancak bunlar onu Rab'bin çağrısını yerine getirmekten alıkoymadı.

Bu *büyük değişimi* yaparak dayak, hapis, gemi kazası ve daha fazlasıyla karşı karşıya kalacağınızı mı ima ediyorum? Hayır, ama karşılaşabilirsiniz. Kitabın Küresel Baskısını okuyanlarınızın çoğu, Hıristiyanların hayatın her alanında ciddi şekilde zulüm gördüğü ülkelerde yaşıyor. İş hayatında Ruh tarafından yönlendirilmeye doğru ilerlerken ciddi engellerle karşılaştığımız zamanlar oluyor.

Rab beni kâr amacı güden konuşma ve danışmanlık şirketimi bırakıp inanç temelli bir göreve başlamaya çağırdığında, inanın bana... Amerika Birleşik Devletleri'nde bile zorluklar vardı.

Yıllardır beni işe alan birçok profesyonel konuşmacı ajansı, bir işimi Hıristiyan olarak yaptığımı öğrendiklerinde, cüzzamlıymışım gibi beni terk etti.

ELİMİZDEKİ BÜYÜK AVANTAJ

Potansiyel müşteriler, gelip çalışanlarını Hıristiyan yapmaya çalışacağımı düşündükleri veya onları Hıristiyan yapmaya çalışmaktan korktukları için kaçtılar.

Yeni hedef pazarım, yani sizin gibi diğer %2'liler, beni iş hayatında yepyeni bir mesaja sahip, inanan biri olarak tanımıyordu.

O noktaya kadar, tüm temel konuşmalarım, kitaplarım, eğitim içeriklerim, bloglarım ve önceki 20 yıl boyunca yarattığım diğer her şey laik temelliydi (inanç bileşeni yoktu)—uygun olduğunda ara sıra Söz'ün bir ipucu vermiş olsam da.

57 yaşında, evden yaptığım bir işe sahip bir danışman olarak sıfırdan başlamak zorunda kaldım.

Tanıklığımın bir parçası, birkaç yıl için bir varoluştan bahsetmemem gerekmiş olsa da, Tanrı'nın ihtiyacımız olan her şeyi sağladığıdır. Hiçbir ipotek ödemesini, bir yemeği, oğlumuzun okul ücretini veya ihtiyacımız olan başka bir şeyi kaçırmadık (Filipililer 4:19).

Evet, ben bile, Büyük Değişimi yaptıktan sonra birçok yeni engele rastladım. Siz de rastlayacaksınız.

Karşılaştığım ve birçoğunuzun muhtemelen karşılaşacağı veya daha önce karşılaştığınız bazı büyük engeller şunlardır.

Ancak cesaretli olun. İş dünyasında Ruh tarafından yönlendirilen bir lider olma yolundaki engellerimi aşmama yardımcı olan öğrendiğim en önemli şeyi bu bölümün sonunda paylaşacağım.

3.1. Bu Doğal Değil

Doğal kişi, Tanrı'nın Ruhu'yla ilgili gerçekleri kabul etmez. Çünkü bunlar ona saçma gelir, ruhça değerlendirildikleri için bunları anlayamaz. Ruhsal kişi her konuda yargı yürütebilir, ama kimse onun hakkında yargı yürütemez. "Rab'bin düşüncesini kim bildi ki, O'na öğüt verebilsin?" Oysa biz Mesih'in düşüncesine sahibiz.

—1 Korintliler 2:14–16

Siz ve ben büyük ihtimalle belirli bir şekilde iş yapmayı öğrendik: dünyanın doğal yoluyla—krallığın yolu değil.

Muhtemelen dünyanın iş yapma yollarının nasıl olduğu konusunda erkekler veya kadınlar tarafından eğitildik veya denetlendik...

- Kararlar alın (beyin odaklı)
- Yukarı ve aşağı yönlü riskleri değerlendirin (fırsat odaklı)
- Kârı artırın ve maliyetleri azaltın (para odaklı)
- Üretkenliği artıran en yeni sistemleri ve yazılımları kullanın (inovasyon odaklı)
- En son iş fikirlerini entegre edin (uzman odaklı)
- Hızlı kararlar alın (baskı odaklı)

İşimde yıllar, hatta on yıllar süren dünya odaklı beyin yıkamasından sonra, geri çekilip Kutsal Ruh'tan bize en iyi yolu göstermesini istemek doğal değildir.

Olumlu bir değişiklik yapmak bile (Büyük Değişim gibi) ilk başta bize çok doğal gelmez çünkü daha önce hiç yapmadığımız bir şeydir.

Ama bu sorun değil. Bu yolda yürümeye başladığınızda ve başarıyı ve hatta doğaüstü sonuçları görmeye başladığınızda, Ruh tarafından yönlendirilmek sizin doğal çalışma yolunuz olacaktır.

3.2. BUNU GÖRMEK KOLAY DEĞİL

> *Ne var ki, Marta işlerinin çokluğundan dolayı telaş içindeydi. Yaklaşıp içini döktü: "Ya Rab, kız kardeşimin tüm hizmeti yalnız bana yüklemesine neden aldırmıyorsun? Kendisine söyle de bana yardım etsin."*
>
> —Luka 10:40

Martha'nın bakış açısını bir dakika için inceleyelim.

Martha için tüm misafirlerin yemeğini hazırlamak için bir aciliyet duygusuna ihtiyaç olduğu açıktı. Büyük bir kalabalık. İsa öğretilerini aktarıyor. İnsanlar acıkıyor.

Öğretmeyi bitirdiğinde herkes için büyük bir yemek hazır olmalıydı... değil mi? Neden başkaları apaçık olanı göremiyor? Özellikle tembel, işe yaramaz kız kardeşim Meryem, en başından beri yardım etmesi gerekirken, yapılacak iş varken dışarıda oturup İsa'yı dinleyerek zamanını boşa harcıyor! Ne yapması gerektiğini bilmeliydi!

Martha, İsa'nın öğretisini yarıda kesecek kadar ileri gitti ve İsa'ya temelde Meryem'e mutfağa girip yardım etmesini söylemesini söyledi.

İsa'nın öğretisini yarıda kesme, Meryem'i büyük bir kalabalığın önünde çağırma ve sonra İsa'ya (çünkü o da açıkça benimle aynı fikirde olurdu) Meryem'e ne yapması gerektiğini... kalkıp yemeğe yardım etmesini söylemesini emretme cüretini hayal edin!

Çok açık... değil mi?

Açıkça görünen şeyler tarafından yönlendirilmek, Kutsal Ruh tarafından o kadar da açık olmayan şeylere yönlendirilmeye izin vermekten daha kolaydır.

Dünya yolunda iş yapan bizler için şunları yapmak normal görünebilir...

- Mevcut nakit akışınıza yardımcı olmak için bir satıcıya ödemeyi birkaç gün uzatmak
- Her zaman işe geç kalan çalışanı kovmak
- Faaliyet alanını çok büyük potansiyeli olan o köye veya şehre genişletmek
- Uzun vadeli bir satıcının sözleşmesini daha düşük fiyatlı yeni bir satıcıya geçerek sonlandırmak
- Bütçe kesintileri sırasında eğitim bütçesini düşürmek veya ortadan kaldırmak

İş hayatında Kutsal Ruh tarafından yönlendirilmek her zaman yapılacak en bariz şey değildir. Krallığın o kadar da bariz olmayan yollarını Ruh aracılığıyla nasıl ayırt edeceğinizi öğrenmelisiniz. Bu konuda daha sonra daha fazla bilgi vereceğiz.

3.3. POPÜLER BİR ŞEY DEĞİL

> *Bu sırada öğrencileri O'na gelip, "Biliyor musun?" dediler, "Ferisiler bu sözü duyunca gücendiler."*
>
> —Matta 15:12

> *Bunun üzerine kulaklarını tıkayıp çığlıklar atarak hep birlikte İstefanos'a saldırdılar. Onu kentten dışarı atıp taşa tuttular. İstefanos'a karşı tanıklık etmiş olanlar, kaftanlarını Saul adlı bir gencin ayaklarının dibine bıraktılar.*
>
> —Elçilerin İşleri 7:57–58

Selanik'teki Yahudiler Pavlus'un Veriya'da da Tanrı'nın sözünü duyurduğunu öğrenince oraya gittiler, halkı kışkırtıp ayağa kaldırdılar.

— Elçilerin İşleri 17:13

Bu dramatik satırlar, güçlü bir şekilde sade bir gerçeğe işaret ediyor: Herkes, iş hayatında Kutsal Ruh tarafından yönlendirildiğinize dair vahiylerinizi kollarını açarak ve "Hallelujah!" haykırışlarıyla kabul etmeyecektir.

Çoğu kişi, hatta daha fazlası, bu yeni büyük rekabet avantajınız hakkındaki vahiylerinizi anlamakta zorluk çekecektir.

Bazıları sizi hor görebilir veya küçümseyebilir. Evet, iş hayatında Kutsal Ruh tarafından yönlendirilmek o kadar sevilmeyen bir şey olabilir ki, şu hakareti duymak standarttır: "Tanrı ile konuştuklarını sanıyorlar!"

Ama tam da mesele bu değil mi?

İncil, Tanrı'yı duyan insanların uzun ve güçlü bir hikayesidir: Adem, İbrahim, Musa, Yusuf, Samuel, Davut, Süleyman, Yeremya, İşaya, Elişa, tüm havariler ve özellikle İsa'nın Kendisi.

İş hayatındaki büyük avantajımızı benimsemek popüler olmayabilir, ancak bazı şüpheciler veya alaycılar yolunuza çıksa bile harika bir topluluk içinde olduğunuzu düşünün.

3.4. İMANINIZIN YETERİNCE GÜÇLÜ OLDUĞUNDAN EMİN DEĞİLSİNİZ

İsa ona, "Elimden gelirse mi? İman eden biri için her şey mümkün!" dedi. Çocuğun babası hemen, "İman ediyorum, imansızlığımı yenmeme yardım et!" diye feryat etti."

—Markus 9:23–24

ÖNÜMÜZDEKİ ENGELLER

Uyanık durup dua edin ki, ayartılmayasınız. Ruh isteklidir, ama beden güçsüzdür.

—Matta 26:41

Ama ben, imanını yitirmeyesin diye senin için dua ettim. Geri döndüğün zaman kardeşlerini güçlendir.

—Luka 22:32

Bu engel en zoru olabilir.

Bazen inancınızın derinliğini sorgulayabilir, dayanacak kadar güçlü olup olmadığınızı kendinize sorabilirsiniz. Kendinizi İncil'in ruhani devleriyle karşılaştırmaya başlayabilir—Kaleb'den Pavlus'a—ve hemen yetersiz olduğunuzu... inancınızın başarılı olmak için yeterince güçlü olmadığını düşünebilirsiniz.

Bu aynı zamanda düşmanın önünüze çıkarmayı sevdiği başlıca engellerden biridir. Şeytan bile bu suçlamayı İsa'ya atma cüretini gösterdi (bkz. Matta 4:3, 5, 8).

Yeterli inanca sahip olmak için ne gerekir?

> Rab şöyle dedi: "Bir hardal tanesi kadar imanınız olsa, şu dut ağacına, 'Kökünden sökül ve denizin içine dikil' dersiniz, o da sözünüzü dinler." (Luka 17:6)

Kurtuluş yoluyla gelen inancınız sizi İsa ile ebedi bir ilişkiye, O'nunla sonsuza dek cennette yaşama vaadine getirdi.

Bu nedenle inancınız kesinlikle Ruh tarafından yönlendirilen bir iş dünyası lideri olmak için yeterince güçlüdür (bir hardal tohumu kadar bile).

3.5. Yanliş Yapacağinizdan Korkarsiniz

Petrus, İsa'nın, "Horoz ötmeden beni üç kez inkâr edeceksin" dediğini hatırladı ve dışarı çıkıp acı acı ağladı.

—Matta 26:75

Sen insan mısın? Ben de. Bu da zaman zaman Tanrı'nın yüceliğinden uzak kaldığımız anlamına geliyor. (Romalılar 3:23).

Bu yeni yolculuğa başladığınızda, yol boyunca bazı hatalar yapmanız muhtemeldir. Ancak hatalar yaptığınızda bile, affedildiğinizi hatırlayın.

> Ama günahlarımızı itiraf edersek, güvenilir ve adil olan Tanrı günahlarımızı bağışlayıp bizi her kötülükten arındıracaktır. (1 Yuhanna 1:9)

İş hayatında Kutsal Ruh tarafından yönlendirildikçe, bazen hatalar yapabilirsiniz, ancak devam etmekten yılmayın. Ve devam ettikçe, O'nun gücü içinizde büyüdükçe daha az hata yapacaksınız.

Yanlış anlamaya devam etmemizin nedeni, yanlış ruhsal kanalı dinlememizdir!

O'nun sesini daha net duymayı öğrendikçe, sizin ve işinizin büyümesi için size söylediklerini nadiren kaçıracaksınız.

Bazen yanlış yapma korkusunun, Kutsal Ruh tarafından yönlendirilme yolculuğunuzu tutkuyla sürdürmenizi engellemesine izin vermeyin.

3.6. İyi Başlayip Momentumu Kaybedersiniz

İsa, "Gel!" dedi. Petrus da tekneden indi, suyun üstünden yürüyerek İsa'ya yaklaştı. Ama rüzgarın ne kadar güçlü estiğini görünce korktu, batmaya başladı. "Ya Rab, beni kurtar!" diye bağırdı. İsa hemen elini uzatıp onu tuttu. Ona, "Ey kıt imanlı, neden kuşku duydun?" dedi. Onlar tekneye bindikten sonra rüzgar dindi.

—Matta 14:29–32

İncil'de iki kişi suyun üzerinde yürümüştür: İsa ve Petrus.

Petrus güçlü bir şekilde başladı. İnançla tekneden indi, İsa'ya baktı ve İsa'yı dinledi. Çevresine hiç dikkat etmedi: azgın su, rüzgar ve dalgalar.

Petrus güçlü bir şekilde başladı ve sonra gözlerini İsa'dan ayırdığında hızla o parıltıyı kaybetti.

Yeni, heyecan verici bir iş macerasına güçlü bir şekilde başlamak kolaydır. Özellikle %2'liler için Rab ile yeni, heyecan verici bir iş macerasına başlamak heyecan vericidir.

Ancak bir kez Kutsal Ruh tarafından yönlendirilen bir lider olmaya tamamen karar verdiğinizde, geri dönüş yoktur. Neden? Karar verdiğinizde, İsa sizden bunu takip etmenizi bekler.

İş hayatında Kutsal Ruh tarafından yönlendirilmek, sonuna kadar yarışta kalmak için tam bir karar vermenizi gerektirir. Tıpkı Pavlus'un dediği gibi,

> *...yeter ki yarışı bitireyim* ve Rab İsa'dan aldığım görevi, Tanrı'nın lütfunu bildiren Müjde'ye tanıklık etme görevini tamamlayayım. (Elçilerin İşleri 20:24b, vurgu eklendi)

İnancımın kahramanlarından biri de Kalev'dir. Hikâyesini her okuduğumda ve incelediğimde beni çok heyecanlandırıyor.

O ve Yeşu, İsraillileri Vaat Edilen Topraklara girmeye ve orayı almaya ikna etmeye çalıştıklarında 40 yaşındaydı (Sayılar 14:7). Çölde geçen 40 yılı sadece o ve Yeşu atlattı çünkü Kalev'in farklı bir ruhu vardı (Sayılar 14:24).

80 yaşındayken Yeşu, İsraillilerin ordularını Vaat Edilen Topraklara götürmesine ve krallık üstüne krallık fethetmesine

yardım etti. Sonra, 45 yıl bekledikten sonra, Tanrı Yeşu'ya toprakları bölmesini söylediğinde, Kalev'e hangi toprağı isterse onu teklif etti.

Kalev'in cevabı, güçlü başlamanın ve parıltısını kaybetmenin güzel bir örneğidir:

> Rab sözünü tuttu, beni yaşattı. İsrailliler çölden geçerken Rab'bin Musa'ya bu sözleri söylediği günden bu yana kırk beş yıl geçti. Şimdi seksen beş yaşındayım. *Bugün de Musa'nın beni gönderdiği günkü kadar güçlüyüm.* O günkü gibi hâlâ savaşa gidip gelecek güçteyim. Rab'bin o gün söz verdiği gibi, *bu dağlık bölgeyi şimdi bana ver.* Orada Anaklılar'ın yaşadığını ve surlarla çevrili büyük kentleri olduğunu o gün sen de duymuştun. Belki Rab bana yardım eder de, O'nun dediği gibi, onları oradan sürerim." (Yeşu 14:10–12, vurgu eklendi)

85 yaşında olan Kalev, diğer on casusun (çölde 40 yıl dolaşmasına neden olan kişiler) korktuğu devlerle dolu aynı ülkeyi istiyordu.

Kalev, iş hayatında ve hayatta olmak istediğim türden bir adam.

Benzetmek istediğim model bu!

Kalev, güçlü başlamanın, güçlü kalmanın ve parıltısını kaybetmemenin olağanüstü bir örneği.

İş yarışım henüz bitmedi. Senin gibi, Ruh tarafından yönlendirilmeye karar verdiğimde, güçlü başladım. Baskılar, belirsizlikler, kaybedilen iş fırsatları ve hatta bedenim bile şüpheler, belirsizlik ve cesaretsizlikle zihnime girmeye çalıştı.

Ama Petrus gibi olmayı ve başka yere bakmamayı seçtim. Gözlerimi İsa'ya odaklamayı ve Ruhunu dinlemeyi seçtim.

Yarışımı Pavlus gibi bitirmeyi seçtim.

Güçlü başlamaya, güçlü kalmaya ve parıltımı kaybetmemeye karar verdim... tıpkı Kalev gibi!

Duam, Ruh tarafından yönlendirilen iş yarışında yalnızca daha güçlü olmanızdır.

3.7. NASIL YAPACAĞINIZI BİLMİYORSUNUZ

> *O da titreyerek ve şaşkınlık içinde, "Rab'bim, benden ne yapmamı istiyorsun?" diye sordu. Sonra Rab ona, "Haydi kalk ve kente gir, ne yapman gerektiği sana bildirilecek" dedi.*
>
> —Elçilerin İşleri 9:6

Pavlus, hizmetinde bu yeni büyük rekabet avantajını nasıl kullanacağını bilmiyordu. Bunu nasıl kullanacağını öğrenmesi gerekiyordu.

Kutsal Ruh tarafından yönlendirilen bir iş adamı olma yolculuğuma başladığımda ne yapacağımı bilmiyordum. Tıpkı Pavlus gibi, ne yapacağımı ve nasıl yapacağımı öğrenmem gerekiyordu.

İş hayatında tam anlamıyla Ruh tarafından yönlendirilmenin tüm cevaplarına sahip olduğumu asla iddia edemem.

Ama bugüne kadar öğrendiklerimi deneyimlerimden size öğretebilirim.

Bu yüzden bu kitabı okuyor veya dinliyorsunuz.

Kutsal Ruh bana bu kitabı yazmamı söyledi, bana öğrettiklerini size öğretmek için! Ben de bir zamanlar O'nun tarafından nasıl yönlendirileceğimi yeni öğreniyordum.

Bana, "Tam da bu yüzden bu kitabı yazmanı istiyorum—iş hayatında onlara liderlik etmeme izin vermek konusunda sana öğrettiklerimi halkıma öğretmen için," dedi.

Öğrendiklerimin bir kısmını zaten okudunuz veya duydunuz.

Hadi devam edelim!

3.8. Önünüzdeki Engelleri Aşmanın Anahtarı

Engel (i.): ilerlemeyi durduran veya bir hedefin gerçekleştirilmesini engelleyen bir şey

Dünya tarafından yönlendirilenden, Ruh tarafından yönlendirilen bir lidere geçiş yaparken karşılaşabileceğiniz potansiyel engelleri tanımak önemli olsa da, bunların üstesinden nasıl geleceğinizi bilmek daha önemlidir.

Düşman, işinizde Kutsal Ruh'u serbest bırakmanız önündeki engelleri çoğunlukla kendisi koyar. Yolda küçük, büyük ve hatta bunaltıcı tümsekler oluşturmak için cephaneliğindeki her şeyi kullanacaktır. Bahsettiğimiz yedi engeli ve belki de kendi sinsi zevki için birkaç diğer engeli size hatırlatmaya devam edecektir.

Bunun olmasını beklemelisiniz.

Unutmayın, onun engelleri çoğunlukla geçicidir (siz kalıcı olmalarına izin vermediğiniz sürece) ve gereksiz dikkat dağıtıcı şeylerdir (yolunuz hala ilerleyebilirsiniz).

Sizi kendi oyununa geri döndürmek ve kendi kuralları altında iş yapmanızı sağlamak için elinden gelen her şeyi yapacaktır.

Bu engelleri aşmak için öğrendiğim önemli bir şey, öncelikle şu güçlü ayeti ezberlemektir:

> Bu çağın gidişine uymayın; bunun yerine, Tanrı'nın iyi, beğenilir ve yetkin isteğinin ne olduğunu ayırt edebilmek için düşüncenizin yenilenmesiyle değişin. (Romalılar 12:2)

Bunu kendi kelimelerimle tekrar ifade edeyim... şöyle bir şey:

> Ben bu dünyanın iş yapma biçimlerine uymadım ve Kutsal Ruh zihnimi yenileyerek dönüştürdü,

böylece işimi Tanrı'nın iyi, makul ve mükemmel isteği doğrultusunda yönetip yaşayabiliyorum.

Anahtar ne mi? Zihninizi yenileyin!

Savaş zihninizde başlar. Kutsal Ruh'un gücüyle Tanrı'nın iş hayatında olmanızı istediği her şeye dönüşmeye istekli olup olmadığınızla başlar.

Savaş, Kutsal Ruh'u işinizde nasıl serbest bırakacağınızı öğrendiğinizde sona erer.

Sonraki adım: İşinizde Kutsal Ruh'un gücünü serbest bırakmanız için sizi tamamen hazırlayalım!

Bölüm 3 Çalışma Kılavuzu

Yedi engel arasından, üstesinden gelmeniz gereken en büyük zorluklar hangileri? Bunlar sizin için neden birer zorluk?

1.

2.

3.

Bu zorlukların üstesinden gelmek için planınız / yapmanız gereken eylemler neler?

Romalılar 12:2, engellerinizi aşma mücadelenizde sizin için ne anlama geliyor?

4

NASIL HAZIRLANMALI

İlkin dışardaki işini bitirip tarlanı hazırla, Ondan sonra evini yap.

—Özdeyişler 24:27

HAZIRLANMAK ŞU ANLAMA GELİR...

- Yapacağınız bir şey için, gerçekleşmesini beklediğiniz bir şey için kendinizi hazırlayın
- Bir amaç, kullanım veya aktivite için önceden hazırlık yapın
- Uygun bir zihin durumuna girin
- Önceden plan yapın
- Hazırlanın

Altı yaşında spor yapmaya başladım. Beyzboldan basketbola, golfe kadar, iyi bir oyuncu olmanın sadece oyunlara katılmaktan çok daha fazlası olduğunu hemen fark ettim. Takıma girme veya oyunda oynama umudum varsa, düzgün bir şekilde hazırlanmak için zaman, enerji ve çaba harcamalıydım.

Golf oynamaya başladığımda, babam ilk vuruş setimi aldığında hissettiğim ilk heyecanı sevgiyle hatırlıyorum: bir driver, beş iron, dokuz iron ve bir putter. O anda ilk sporcu kahramanım Sam Snead gibi olduğumu düşünüyordum! Ancak ilk turumu oynamaya nasıl hazırlanacağım hakkında hiçbir fikrim yoktu.

Babam bana sopayı nasıl tutacağımı, doğru vuruş yolunu, nasıl nişan alacağımı ve odaklanacağımı ve nasıl takip edeceğimi nazikçe şahsen öğretti. Eski bir yarı profesyonel beyzbol oyuncusu olarak, düzgün bir şekilde hazırlanmanın ne kadar önemli olduğunu biliyordu ve oyuna olan sevgimin tohumlarını ekme konusunda ustaca bir iş çıkardı. (Bugün, 11 handikap ile oynuyorum, bu yüzden her zaman davetinize açığım!)

Olgunlaştıkça, sporda ve hayatta başarılı olmak için odaklanmış bir şekilde yoğun hazırlığın mutlak gerekliliğini daha da derinlemesine fark ettim.

İşinizde Kutsal Ruh'un gücünü serbest bırakmaya doğru ilerlerken sizin için de durum farklı değil.

Kendinizi hazırlamalısınız.

Zihninizi ve ruhunuzu yolculuğunuzdaki bir sonraki adıma hazırlamak için gereken zamanı ve enerjiyi yatırmalısınız.

İşinizde Kutsal Ruh'un gücünü serbest bırakmak için hazırlanmanız gereken beş alan şunlardır.

4.1. BUNU YAPMAK DUA ETMEKTEN DAHA FAZLASIDIR

Misya sınırına geldiklerinde Bitinya bölgesine geçmek istediler. Ama İsa'nın Ruhu onlara izin vermedi.

—Elçilerin İşleri 16:7

Bu bölümün başlığı sizi biraz şaşırttı mı? Herhangi bir şey nasıl duadan daha fazlası olabilir? Dua etmek, inananlar olarak yaptığımız en önemli şey değil midir?

Lütfen duanın gücünü hiçbir şekilde küçümsemediğimi bilin! İş hayatında Ruh tarafından yönlendirilmekle ilgili her şey dua ile başlar. Dua, ikinci kademe bir manevi iş stratejisi değildir ve asla öyle olduğu düşünülmemelidir.

Ayrıca, iş hayatında Tanrı'nın Ruhu tarafından tamamen yönlendirilmenin duadan daha fazlası olduğunu da bilin. Neden?

Çoğu durumda, dini bütün %2'liler için bile, dua önceden zamanlanmış, takvime bağlanmış bir aktivitedir... günlük aktiviteler listesinde *yapılacak bir şeydir*. İşiniz için dua, "Tamam, sabah 6:45... birkaç dakika dua etme zamanı." olur. Tamamlanmış olur.

Benzer şekilde, işiniz için dua genellikle "Aman Tanrım, unuttum... işe başlamadan önce biraz dua etmem gerek." olur.

En kötü durumda, dua umut tükenmişken, son dakikada "Tanrım-lütfen-işimizi-kurtar" stratejisine dönüşür.

Evet, bu üçünü de yaptığımı itiraf etmek için elimi kaldırıyorum. Peki ya siz?

Siz ve ekibiniz odaklanmış bir dua zamanına önemli miktarda zaman, enerji ve inanç aktarsanız bile (ve aktarmalısınız), dua tek başına işyerindeki büyük rekabet avantajımızın tüm gücünü açığa çıkarmak için yeterli değildir.

Büyük rekabet avantajınızı açığa çıkarmaya hazırlanmak için, duadan daha fazlası gerekir; bu tam bir manevi farkındalıktır!

Manevi Farkındalığa Sahip Olun

Kutsal Ruh her zaman hem gizli hem de apaçık yollarla içinizde ve çevrenizde iş başındadır. Her zaman.

Büyük rekabet avantajınızı serbest bırakmaya hazırlanırken iki temel ruhsal farkındalık seviyesi vardır.

Seviye 1: Kişisel Manevi Farkındalık

Manevi farkındalığa sahip olmak, Kutsal Ruh'un içinizde nasıl hareket ettiğinin bilinç üstü bir incelemesiyle başlar. Kişisel farkındalığınıza şu gibi soruları yanıtlayarak başlayabilirsiniz...

- Kutsal Ruh bugün bana ne söylüyor?
- Kutsal Ruh bugün bana kime ulaşmamı söylüyor?
- Kutsal Ruh'un gelecekte beni ne yapmaya yönlendirdiğini hissediyorum?

Bu sorulara vereceğiniz yanıtları yazmak için HEMEN 15 dakika ayırın. Sessiz bir yerde bunlar üzerinde meditasyon yapın, düşünün. Neden şimdi? Bu, hazırlığınızın ilk büyük adımıdır... Kutsal Ruh'un size şu anda ne söylediğini duymak için kişisel ruhsal farkındalığınızı ince ayarlamanın zamanıdır.

Bu sayfayı yazdırın ve içgörülerinizi yazın.

Kutsal Ruh bugün bana ne söylüyor?

Kutsal Ruh bugün kime ulaşmamı söylüyor?

Kutsal Ruh'un gelecekte beni ne yapmaya yönlendirdiğini hissediyorum?

Kendinize her gün bu üç soruyu sorun. Bunu yaptıkça, kişisel ruhsal farkındalığınızda hızla daha bilinçli hale geleceksiniz.

Seviye 2: İş Yerinde Manevi Farkındalık

Kişisel ruhsal farkındalığınızı geliştirip rafine ettikçe, işyerinde ruhsal farkındalığa odaklanabilirsiniz.

İşte kişisel bir örnek. Birkaç yıl önce, büyük bir ofis binasının bir katını kiralayan ve daha sonra fazladan alanını diğer Hristiyan işletmelere kiralayan %2'li bir iş adamıyla görüşmeye davet edildim. Ofislerinde ilk kez dolaşırken, ortamda bir kötü ruh hissettim. Bu ofis alanının önceki kiracısının kim olduğunu sordum. Amerika'da kürtajı açıkça savunan bir kuruluş olan Planned Parenthood'un kullanmış olduğu büyük bir ofis olduğunu söyledi. Hemen dua etmeye, ofisleri meshetmeye ve bu alanların etrafındaki kötü ruhları uzaklaştırmaya başladık.

Seviye 1: Kişisel Ruhsal Farkındalık uygulamasını Seviye 2: İşyerinde Ruhsal Farkındalık'a nasıl uygulayacağımı öğrenmem yıllar sürdü.

Kutsal Ruh tarafından tam olarak yönlendirilmeye nasıl hazırlanacağınız konusunda öğrenme eğrinizi nasıl kısaltabileceğinizi burada bulabilirsiniz.

Tekrar ediyorum, Kutsal Ruh'un işimin içinde ve çevresinde nasıl hareket ettiğinin daha fazla farkına varmama yardımcı olan birkaç soru var. Sizden bu bilinçli işyerinde maneviyat soruları hakkında görüşlerinizi kaydetmek için HEMEN 15 dakika ayırmanızı istiyorum.

İşimde Kutsal Ruh'un nerede hareket ettiğini hissediyorum?

Kutsal Ruh bu mevcut durumda nasıl hareket ediyor?

İşimde ve çevresinde Kutsal Ruh kimi yönlendiriyor?

Meslektaşlar — yöneticiler, denetçiler, ön saflardaki personel ve geçici personel

Müşteriler — yerel, ulusal, global

Bileşenler — satıcılar, tedarikçiler, yönetim kurulu, müşteri olmayan hayranlar

NASIL HAZIRLANMALI

Topluluk – hizmet verdiğimiz coğrafi bölgeler

Yaklaşan hangi faaliyetlerimde, projelerimde, iletişimlerimde veya iş ilişkilerimde Ruh'un yönlendirmesine daha çok ihtiyacım var?

Sonuçlar

Zamanla, siz ve işiniz için daha büyük kişisel ve ticari manevi farkındalık arayışında giderek daha fazla bilinçli hale geleceksiniz. Bu kitabın şimdiye kadar okuduğunuz kadarı sayesinde, O'nunla nasıl bağlantı kuracağınız konusunda Tanrı zaten sizinle daha da fazla çalışıyor.

    Genellikle bilinçli dua saatlerimden sonra, O'nun etrafımdakileri kendi yüceliği için nasıl etkilediği ve planının bir parçası olmama nasıl izin verdiğini görerek kelimenin tam anlamıyla sevinçten ağlıyorum!

    Açıkçası, kişisel ve ticari manevi meditasyonlarım, Krallığın etkisine olan bağlılığımı yaptığım her şeyden daha fazla canlandırdı.

    Bunun sayesinde, hiçbir şeyin beni durduramayacağını biliyorum!

    Görüyorsunuz, bu duadan daha fazlası. Çok daha fazlası!

Duayı bilinçli kişisel ve ticari manevi farkındalıkla birleştirdiğinizde, büyük rekabet avantajınızı serbest bırakmak için kendinizi hazırlamaya doğru ilk adımı atmış olursunuz!

4.2. Bir Sesten Fazlası

> *Böylece [Şimon], Ruh'un yönlendirmesiyle tapınağa geldi. Küçük İsa'nın annesi babası, Kutsal Yasa'nın ilgili kuralını yerine getirmek üzere O'nu içeri getirdiklerinde...*
>
> —Luka 2:27

> *Şimdi de ben [Pavlus] Ruh'a boyun eğerek Yeruşalim'e gidiyorum. Orada başıma neler geleceğini bilmiyorum.*
>
> —Elçilerin İşleri 20:22

Çoğumuz Tanrı'nın sesinin yanan bir çalı (Mısır'dan Çıkış 3:1), devasa bir bulut (Matta 17:5) veya hatta bir eşek (Sayılar 22:28) aracılığıyla duyabileceğimiz bir şekilde bizimle konuşmasını ÇOK isteriz.

İncil'de insanların Tanrı'nın duyulabilir sesini kulaklarıyla duydukları birkaç örnek bulunuyor. Ancak bunlar kuraldan çok istisnalardı. Ve bu bugün de geçerlidir.

Kutsal Ruh sizinle duyabileceğiniz bir sesle konuşabilir mi? Kesinlikle. Bunu sık sık yapar mı? Benim açımdan hayır, bu olmadı. Neden olmasın?

Çünkü O içimde yaşıyor! Ruhu zaten içimde yaşarken, benimle iletişim kurmak için kulaklarıma giren fiziksel sesleri kullanmasına gerek yok.

Sesini duymak fiziksel bir sesi beklemekten daha fazlasıdır; içimde yaşayan Ruhu ile daha iyi temas kurmayı öğrenmektir.

Tanrı Sizinle Konuşuyor

Tanrı'nın sizinle konuşabileceğine inanmanıza rağmen, kendinizi "Onu *duymuyorum*. Benimle *konuştuğunu* sanmıyorum." derken bulabilirsiniz.

Bir ücretsiz koçluk tavsiyesi: BUNU BİR DAHA ASLA SÖYLEMEYİN! ASLA!

Rab'bin sizinle konuştuğunu söylediğimde bana güvenin.

Eğer Tanrı her yerde mevcutsa, bu her zaman her yerde olduğu anlamına gelir.

Eğer Tanrı her şeyi biliyorsa, olmuş, olan ve olacak her şeyi bilir.

Eğer Ruhu içinizde yaşıyorsa ve her zaman etrafınızdaysa, o zaman O'nun varlığıyla sarmalanmışsınız demektir.

Diyelim ki eşiniz, oğlunuz veya kızınız her zaman etrafınızdaydı, gittiğiniz her yerde, katıldığınız her toplantıda ve yaptığınız her seyahatte yanınızda duruyordu. Onların orada olduğunu bilir miydiniz? Elbette bilirdiniz. Onlar sizinle konuşmasa bile varlıklarını hissedebilirdiniz.

Benzer şekilde, Tanrı da varlığı aracılığıyla sizinle konuşur, ben buna "içsel bilgi" diyorum.

İçsel Bilgi

İçsel bilgi, zihinsel, duygusal veya fiziksel duyuların ötesine geçen içten gelen bir sezgidir. Bu ruhsal bir dürtü veya istektir.

İşitilebilir bir ses duymasanız bile bunun Tanrı olduğunu bilirsiniz.

Sadece bildiğinizi bilirsiniz.

Hiç kendinize veya bir başkasına, "Bunu yapmamam gerektiğini *biliyordum*" veya "Bunu yapmam gerektiğini biliyordum" dediniz mi? Ya da belki, "Bunun kötü bir karar olduğunu *biliyordum* ama yine de yaptım" dediniz mi?

Bunu nasıl bildiniz? Bunu yapmanızı veya yapmamanızı söyleyen kimdi?

%2'liler olarak, içsel bilginizin içinizde yaşayan Kutsal Ruh'tan gelmiş olması kuvvetle muhtemel. Aradığımız şey aynı sessiz, küçük, duyulmayan sestir (1 Krallar 19:12).

Ruhu duymak için işitilebilir sesler veya yanan çalılar aramamanızı rica ediyorum. Bu, manevi kulaklarınızı duymaya eğitmekle ilgilidir.

Büyük rekabet avantajınızı serbest bırakmak, bir ses duymaktan çok daha fazlasıdır.

4.3: YÜREKLİ OLUN

Ama kulum Kalev'de başka bir ruh var, o bütün yüreğiyle ardımca yürüdü. Araştırmak için gittiği ülkeye onu götüreceğim, onun soyu orayı miras alacak.

—Sayılar 14:24

"Yürekli" kelimesinin manası,

- Bir şey yapma, birini destekleme vb. konusunda hiçbir şüphe veya belirsizlik hissetmemek veya göstermemek.

- Tamamen ve içtenlikle adanmış, kararlı veya coşkulu

- Tam, içten bir bağlılığa sahip

- Çekingenlikten veya tereddütten uzak

Kalev, İncil'deki en sevdiğim kahramanlardan biri. O ve Yeşu, Vaat Edilen Toprakları araştırmak ve Musa'ya bir rapor getirmek üzere 12 casustan ikisi olarak görevlendirilmişti. Diğer 10 kişi, Musa'yı Ürdün'ü geçip toprakları almaya teşvik eden Yeşu ve Kalev'i öldürmek isteyecek kadar korkuya kapılmıştı.

Ancak Yeşu ve Kalev, Rab'bin vaatlerine inandılar ve Rab'bin emriyle saldırıya geçmeye hazır bir şekilde tüm kalpleriyle O'na hizmet ettiler.

İşinizde Kutsal Ruh'un gücünü sizin aracılığınızla serbest bırakma yolculuğunuz korkaklar için değildir! Bunu benimsedikten sonra, tüm kalbinizle ilerlemeli, elinizden gelen hiçbir şeyi ardınıza koymamalı ve Ruh sizi yönlendirirken ilerlemelisiniz.

Kararsız Davranmayın

> *Bak, bugün senin önüne hayatla iyiliği, ve ölümle kötülüğü koydum; çünkü bugün sana Rab'bi sevmeği, onun yollarında yürümeği, onun emirlerini ve kanunlarını ve hükümlerini tutmağı emrediyorum, ta ki, yaşıyasın, ve çoğalasın, ve mülk edinmek için gitmekte olduğun diyarda Rab seni mubarek kılsın... Senin önüne hayatla ölümü, bereketle lâneti koyduğuma, gökleri ve yeri size karşı bugün şahit tutuyorum; bunun için hayatı seç.*
>
> — Tesniye 30:15–16,19

Tanrı bize net bir seçim verdi: O'nun yolu ya da dünyanın yolu. Hatta bu sorunun cevabını bile bize verdi.

Ama bu bizim seçimimiz, O'nun değil.

İşte size yardımcı olması için profesyonel yolculuğumdan bir itiraf, bunun size yardımcı olması için dua ediyorum.

Genç bir ergen olarak kurtarıldıktan sonra, yavaş yavaş Rab'den ve Mesih'in bedeninden uzaklaştım. Kiliseye gitmek yerine pazar günleri beyzbol oynamak, 16 yaşında yavaş yavaş kaybolmuş bir genç olmama neden olmaya başladı. Tam da şu anki işimi kurduğum sırada, Rab'be tamamen geri döndüğümde neredeyse 40 yaşındaydım.

Yeni işimin ilk on yılında, bazıları çok övgü toplamış, ödüllü kitaplar dahil olmak üzere birkaç iş dünyası kitabı yazdım.

Sonra, Rab üzerimde çalışmaya başladı. Sadece işin laik tarafında yürümek, O'nun benim olmamı istediği yer değildi. Bu yüzden ... çitin üstünden atlamaya karar verdim!

Birkaç yıl boyunca, bir ayağımı dünyanın iş yapma biçiminde, diğer ayağımı da Tanrı'nın iş yapma biçiminde tutmaya çalıştım. Pastör konferanslarında konuşmaya ve pastoral kadroya sağlam, İncil temelli yönetim uygulamaları konusunda koçluk yapmaya başladım. Hatta birkaç kilisede Pazar ayinlerinde vaaz verdim.

O zamanlar çitin üstünden atlayan biri olmak yeterince iyi görünse de, 2009'da Rab bana çok açık bir şekilde (duyulabilir bir sesle değil, güçlü bir içsel bilgiyle) " Benim tarafıma tam olarak geç" dedi.

Bir seçim yapmam gerektiği açıktı: ya çitin üstünden atlamaya çalışmaya devam edecektim ya da yaptığım her şeyi tamamen Tanrı ve O'nun yüceliği için yapacaktım.

Birkaç hafta sürmesine rağmen sonunda teslim oldum ve haykırdım, "Tanrım... her ne olursa olsun, her nerede olursa olsun! Ne yapmamı istersen ve nerede yapmamı istersen, onu yapacağım."

Bu, İsa'ya tam olarak teslim olduğum andı. Onun iradesine. Onun yoluna.

İşte bu, işim aracılığıyla Rab için tüm kalbimle yaşamaya ve çalışmaya karar verdiğim noktaydı.

Mesleki yolculuğunuz bundan çok daha az dramatik olabilir. Ama sonuç aynı olmalı... İşinizde bütün kalbinizle Rab için orada olmayı sevinçle kucaklamalısınız.

Bu sizin seçiminiz. Her şeyi Tanrı'ya bırakın ya da bırakmayın. Ama sizi uyarıyorum ki yaptığınız işin yarım yamalak olması sizin felaketinizi ve çöküşünüzü getirecektir.

Yaptıklarını biliyorum. Ne soğuksun, ne sıcak. Keşke ya soğuk ya sıcak olsaydın! Oysa ne sıcak ne soğuksun, ılıksın. Bu yüzden seni ağzımdan kusacağım. (Vahiy 3:15–16)

İşletmenizde kararsız davranmak nasıl olabilir? Şunları içerebilir...

- Biri sizi görebileceği için gün içinde dua etmekten korkmak
- Bir an küfür etmek, sonra bir sonraki an Tanrı'ya şükretmek
- İnsanların sizi gerçek bir Hıristiyan sanmasını umarak kartvizitinize bir ayet yazdırmak
- Tanrı'nın zamanın ötesindeki gerçekleri yerine en son iş uygulamalarına güvenmek
- Önce maaşınızı alabilmek için satıcılara geç ödeme yapmak

Bunlardan biri size cesaretinizi kontrol ettirirse, ne güzel. Bunlar hakaret amaçlı değil, sizi bu ve diğer alanlarda açıkça O'nun iradesini aramaya teşvik etmek içindir; böylece işinizde tüm kalbinizle Rab için yaşarsınız.

Bir Meydan Okuma

Şimdi bu kitabı bir gün, bir hafta veya daha fazla süreyle bir kenara koymak ve Rab'bin işinizde tamamen cesur bir Kalev olmak için yüreğinizi hazırlamasını isteyerek dua etmek için harika bir zaman olurdu!

Evet. Bu kitabı kapatın. Siz kararsız davranmamak için Rab'be söz verdikten sonra ben yine burada olacağım!

Her Şeyinizi Verin

Rab'den miras ödülünü alacağınızı bilerek, her ne yaparsanız, insanlar için değil, Rab için yapar gibi candan yapın. Rab Mesih'e kulluk ediyorsunuz.

— Koloseliler 3:23–24

Tekrar hoş geldiniz! Meditasyon yaparak geçirdiğiniz zamanın size berraklık, huzur ve coşku getirdiğini umarak bunun güçlü bir karşılaşma olmasını dilerim.

Şimdi, işinizde tüm kalbinizi koymanın ikinci yolunu inceleyelim: Her şeyinizi, ama her şeyinizi verin!

Basit ama son derece zor. Bu gerçeği göstermek için başka bir kişisel hikâye paylaşmaya yönlendiriliyorum.

Beş yaşında beyzbol oynamaya başladım ve hemen bir atıcı olmak istedim. Bir atıcı olarak, kontrol sizdedir. Topu sert bir şekilde atarsınız. Takım arkadaşlarınız size güvenir. Bir galibiyet için çok fazla takdir ve bir yenilgi için hak ettiğinizden daha fazla suçlama alırsınız. Yirmili yaşlarımda organize liglerde atış yapmaya devam ettim. Bu benim için sadece bir tutkudan daha fazlasıydı.

Lise beyzbolunda oynadığım dört yıl boyunca, atış rekorum 23-7 idi (23 maç kazandım ve sadece 7 maç kaybettim). Hiç de fena değildi.

Liseden mezun olduktan sonra, eyaletin dört bir yanından diğer en iyi oyuncularla birlikte çok rekabetçi bir yaz liginde oynadım. Yıl sonu turnuvası, bölgesel turnuvaya geçmek için iki maç kazanmamız gereken, tek elemeli, kazananın her şeyi aldığı bir etkinlikti.

Antrenör ilk maç için beni ve liseden bir sınıf arkadaşımı da (gerçek adı bu olmasa da ona "Steve" diyeceğiz) ikinci maç için seçti. İlk gece maçın tamamında oynadım (uzun, yoğun bir maçtı) ve kazandık. 40 mil araba kullanıp eve döndük ve ertesi gece eyaletin en iyi takımıyla oynamak için geri döndük.

Nasıl Hazırlanmalı

Stadyuma vardığımızda Steve orada değildi. Maçtan bir saat önce, sahaya çıkmamaya karar verdiğini öğrendik. Nedenini hiç öğrenemedik. Bu o kadar da önemli değil. Takımın orada olan en iyi ve tek başlangıç atıcısı bendim. Genellikle, bir başlangıç atıcısı başka bir maça başlamadan önce 3-4 gün dinlenir. Bir atıcının kolu yorulur ve güçlenmeye ihtiyacı vardır.

Kolum ve vücudum bir önceki geceden hala yorgundu.

Antrenörün tek seçeneği, "Jim, bu gece oynayabilir misin?" diye sormaktı.

Burada biraz geçmişe bakmamız gerekiyor. Steve ve ben yıllarca birbirimize karşı ve yan yana oynadık. Sıkı dost olsak da birbirimizle rakiptik, takım arkadaşları olarak birbirimize ve toplumun geri kalanına kimin daha iyi atıcı olduğunu kanıtlamaya kararlıydık. Steve, kalabalığın sevdiği biriydi, havalı adamdı ve ben kesinlikle havalı değildim. O, harika bir hızlı top atışı olan üst düzey bir sol el atıcısıydı. Ben, harika bir falsolu top (ve vasat bir hızlı top) atan bir sağ el atıcısıydım. Sporcu olarak, harika bir kişisel ilişkimiz vardı ama ikimiz de kendimizi tamamen takımımızın kazanmasına adamıştık.

O gece oynadığımız takıma karşı hiç kazanmamıştım. Daha önce, lise ve yaz liglerindeki kariyerim boyunca onlara karşı beş maç kaybetmiştim. Onlar benden korkmuyordu ama ben de onlardan korkmuyordum.

Bu yüzden o gece bolca motivasyonum vardı! O takımı yenmek, üst üste iki maç kazanmak ve en iyi takım üyesinin kim olduğunu göstermek istiyordum. (Gösterdiğim bu gurur için beni affedin.)

Maça ben başladım ve tüm takım kazanmak için tamamen istekliydi!

Beş vuruştan sonra 4-2 öndeydik. Altıncı vuruşa başlamak için kulübeden çıkıp tümseğe doğru adım attığımda (bu ligde sadece yedi vuruşluk maçlar oynadık), koç "Nasılsın, Jim?" diye sordu. Yorgun olduğumu anlayabiliyordu; vasat hızlı topum biraz daha zayıftı ve falsolu topum biraz daha yukarıdan gidiyordu.

ELİMİZDEKİ BÜYÜK AVANTAJ

Elbette, "Hey, Koç... İyiyim," dedim ve her zaman yaptığım gibi sahaya doğru koştum.

Ne olacağını ve yakında ne yapması gerektiğini biliyordu. Ben de biliyordum ama son bir şans vermem gerekiyordu.

Eh, ne olduğunu tahmin edebilirsiniz. Diğer takım beni hırpalamaya başladı, beyzbol sahasının her yerine tekler ve çiftler vurdular.

Buna benzer çoğu oyunda, enerjim tükenmiş olsa da, genellikle vurucuyu pop-up, ground-out veya fly-out yapmaya ikna edebiliyordum. Bu sefer öyle olmadı. Tamamen bitkindim.

Son 24 saatte 32 derece havada 12,5 vuruş yapmak beni yıpratmıştı.

Maçta ilk kez, diğer takım şimdi öndeydi. Koçun beni oyundan çıkarmaktan başka seçeneği yoktu.

Koç sahaya doğru yürürken, spor hayatım boyunca hiç yapmadığım bir şey yaptım.

Ağlamaya başladım.

Hayal edin... 23-7 kariyer rekoruna sahip, yeni mezun, 18 yaşında bir lise beyzbol takımı En Değerli Oyuncusu, tümseğin üzerinde durup ağlıyor!

Yine de utanmıyordum. Gözyaşlarım, ruhumun derinliklerinde her şeyimi verdiğimi bilmekten kaynaklanıyordu. Sahada hiçbir şey bırakmadım. Yüreğimi ve ruhumu döktüm, takım arkadaşlarım ve kazanmak için sahip olduğum her şeyi verdim.

Son skor kartında kaybeden tarafın atıcısı olarak gözükmeme rağmen, çok daha büyük bir anlamda kazanan bendim.

Babam tribünde maçı izliyordu, bir diğer oyuncunun babası da öyle. Arkadaşımın babası babama döndü ve "Jim'in birçok maçta atış yaptığını gördüm ama bu gece Jim'le hiç bu kadar gurur duymamıştım," dedi.

Babam da "Ben de, Ed. Ben de." diye cevap verdi.

Bu hikâyeyi kendimle övünmek için anlatmıyorum. Hayır. Aksine, bu hikâyeyi, Rab'bimiz İsa'nın, O'na tüm kalbinizle hizmet ettiğinizde, elinizden gelenin en iyisini yaptığınızda ve işinizde

O'nun yüceliği için elinizden gelen her şeyi yaptığınızda sizinle en çok gurur duyan kişi olacağını bilerek sizi cesaretlendirmek için paylaşıyorum.

Sonunda, O'na tüm kalbinizle hizmet ettiğinizde, kazanacaksınız ve mirasınızın ödülünü alacaksınız (Kol. 3:23–24).

Bu nedenle, işinizde Kutsal Ruh'un gücünü serbest bırakma yolculuğunuzda, içinizde O'na tüm kalbinizle hizmet etmeyi amaçlamalısınız!

Dolayısıyla, Kutsal Ruh size gitmenizi veya gitmemenizi, satın almanızı veya satın almamanızı, satmanızı veya satmamanızı, o sözleşmeyi imzalamanızı veya imzalamamanızı, o kişiyi işe almanızı veya almamanızı söylediğinde... ne yapmanızı söylerse onu yapın.

Tüm kalbinizle!

4.4. TANRIYA GÜVENİN

> *RAB'be güven bütün yüreğinle, Kendi aklına bel bağlama.*
> *Yaptığın her işte Rab'bi an, O senin yolunu düze çıkarır.*
>
> —Özdeyişler 3:5–6

UYARI: ZAMANIN ÖTESİNDEKİ BU GERÇEĞİ GÖZ ARDI ETMEYİN!

İnançlı biri olarak, bu ayeti sık sık duymuşsunuzdur ve muhtemelen benim gibi ezberlemişsinizdir.

Bu ayet üzerinde bir süre düşünmemiz gerekiyor, çünkü bu ayet, işinizde Kutsal Ruh'un gücünü serbest bırakmanın merkezinde yer alır.

Şimdi bu ayetin beş temel bileşenini dikkatlice ayırarak işe başlayalım.

Tanrı'ya Güvenin

Güven, "birinin veya bir şeyin karakterine, yeteneğine, gücüne veya gerçeğine kesin bir şekilde güvenmek" olarak tanımlanır.
"Tamamen güvenmek" ifadesini seviyorum.
Eğer kurtulduysanız, kurtuluşunuz için zaten Rab'be güveniyorsunuz. Rab'bin vaadine sadık olduğuna dair kesin bir güvene sahipsiniz. Güveninizi emin bir şekilde O'na sunarsınız.
Rab'be olan güvenimiz aynı zamanda O'nun işlerimiz aracılığıyla içimizde başlattığı iyi işi tamamlayacağını gerçekten bildiğinize dair kesin bir güvendir.

Tüm Kalbinizle

İşte çoğumuzun takıldığı veya tereddüt ettiği yer burasıdır. Süleyman, Kutsal Ruh'un ilahi meshi altında bu ayeti yazarken, Tanrı'nın sizden şunu yapmanızı istemediğini fark edeceksiniz...

- "Bana tüm paranla güven!"
- "Bana tüm iş planlarınla güven!"
- "Bana tüm pazar araştırmalarınla güven!"
- "Bana tüm aklınla güven!"
- "Bana tüm hislerinle güven!"

Liste sonsuza kadar uzayabilir, ancak özünü anladınız.
İş hayatında yaptığınız her şeyin kalbinizle ilgili olduğunu kendinize hatırlatmanız çok önemlidir. Her şey Tanrı'nın kalbinizi kendi yüceliği için nasıl etkilemesine ve şekillendirmesine izin verdiğinizle ilgilidir. Yine de, sıklıkla iş dünyasının baskıları sizi içine çeker, rakipleriniz size saldırır, pazar size düşmanca davranır, tedarik zinciri sizi zorlar ve hatta çalışanlarınız bile sizi reddedebilir.
Kalplerimizin kontrolünü kaybetmek ve işletme liderleri olarak bedenimize geri dönmek kolaydır. Bu ayetin ve bu

uygulama adımının başarınız ve işletmenizin önemi için çok önemli olmasının nedeni tam olarak da budur. Her şey kalbinize ve her şeyle Rab'be güvenmenize bağlanır... kalbinizin sadece Pazar gününe ayrılmış bir kısmına değil.

Kendi Anlayışınıza Güvenmeyin

Tüm cevaplara sahip değilim ve dürüst olmak gerekirse, siz de değilsiniz. Bildiğimizi düşündüğümüzde bile, elimizdeki sonuçlar genellikle eksik, yanlış yönlendirilmiş ve uygulanması zor oluyor.

Yirmi yıl boyunca, iş dünyasındaki rolümün, harika şirketlerin ne kadar iyi iş çıkardıklarını kitaplar, açılış konuşmaları, koçluk ve danışmanlık yoluyla okumak, incelemek, analiz etmek ve paylaşmak olduğunu gördüm. Yıllar boyunca, birçok müşteri bana, "Şu veya bu iş uzmanının ne düşündüğünü umursamıyorum; ben sana SENİN düşündüğün şey için ödeme yapıyorum!" dedi. Kendi gözümde bilge olmak kolaydı.

Çok sayıda ödüllü kitabım ve etkileyici bir müşteri listem olmasına rağmen, içten içe, aslında çok fazla şey bilmediğimi biliyordum. Umuyorum ki, hiç kimse bana bakıp ne kadar az şey bildiğimi göremezdi, çünkü bu *işimi* mahvederdi.

Tıpkı benim gibi, siz de işinizi Tanrı'nın sizin için yaratmanızı istediği sonsuz etkiye doğru büyütme çabasında bilmeniz gereken her şeyi asla anlamayacaksınız.

Yaptığınız *Her Şeyde* O'nu Anın

"*Her şey*" ne anlama geliyor?

Anlamı... HER ŞEY!

Her şey, her şey anlamına gelir. Parçası değil. Bir kısmı değil. Sadece dua ederek bir toplantı açmak değil. Sadece daha fazla satış için dua etmek değil. Sadece sıkıntı, mali kriz veya çalışan yaralanması gibi durumlarda O'nu çağırmak değil.

Her şey... her şey anlamına gelir.

Her şey.

Neden apaçık olanı tekrarlıyorum? Bazen, apaçık olan o kadar da apaçık değildir. Rab'be HER ŞEYİ emanet etmemiz *gerektiğini* biliyoruz. Bunu yapmanın ailemde, evliliğimde ve çocuklarım için... hatta kiliseme hizmet ederken bile daha kolay olduğunu gördüm.

Ancak itiraf ediyorum ki, yıllar boyunca işimde her şeyle mücadele ettim. Şimdi gerçekten tüm işimin sahibinin İsa olduğunu söyleyebilirim. Artık her şeyi tamamen O yönettiğine göre, artık kendi anlayışıma güvenmek zorunda değilim. Artık tamamen O'nun anlayışına güveniyorum.

O Bize Yol Gösterecektir

"Gösterecektir" kelimesi gelecekte gerçekleşmesi beklenen bir şey olarak tanımlanmaktadır. Rab şunları söylemez...

- Belki
- Zamanı olduğunda
- O'nun *iyiler listesine* girdiğinizde
- Sadece sizin için üstesinden gelinemeyecek kadar zorlaştığında
- O bunu düşündükten sonra
- O istediğinde
- Belirli bir ruhsal olgunluk seviyesine ulaştığınızda

Bunu yüksek sesle söyleyin: "O BANA YOL GÖSTERECEK!"
Tekrar söyleyin.
Hadi. Şu anda etrafınızda kimse yok. TEKRAR söyleyin!
Yollarınızı yönlendirecek... işte büyük ödül!
İçsel bilginizle duyduğunuz şeye güvenmelisiniz ve ondan şüphe etmemelisiniz.

4.5. ZIRHINIZI KUŞANIN

Son olarak Rab'de, O'nun üstün gücüyle güçlenin. İblis'in hilelerine karşı durabilmek için Tanrı'nın sağladığı bütün silahları kuşanın. Çünkü savaşımız insanlara karşı değil, yönetimlere, hükümranlıklara, bu karanlık dünyanın güçlerine, kötülüğün göksel yerlerdeki ruhsal ordularına karşıdır. Bu nedenle, kötü günde dayanabilmek, gerekli her şeyi yaptıktan sonra yerinizde durabilmek için Tanrı'nın bütün silahlarını kuşanın.

—Efesliler 6:10–13

Şeytan bu dünyanın prensidir. İş dünyasının mekanizmaları üzerinde birincil kontrole sahiptir. Büyük rekabet avantajınızı serbest bıraktıkça, düşman peşinize düşecektir! Bundan emin olun.

Kyle Winkler'ın büyüleyici kitabı, *Silence Satan: Shutting Down the Enemy's Attacks, Threats, Lies, and Accusations*'da şöyle diyor:

> Mesih'in üniformasının bir parçası olarak bize verilen silahlar düşüncelerimize yardımcı olur. Şeytan, Tanrı'nın bizi neden kullanamayacağı, neden asla iyileşmeyeceğimiz veya belirli günahlarımızın neden affedilemeyecek kadar büyük olduğu gibi argümanlarla hayatımıza dalar. Bunlar, bizi zafer dolu bir hayattan alıkoymak için kullandığı şüpheler ve cesaret kırıcı şeylerdir.[1]

Aynı şey iş hayatımız için de söylenebilir. Pazarınızdaki büyük rekabet avantajınızı kullanmaya başladığınızda, düşman sahip olduğu her şeyi size ve ekibinize fırlatacaktır.

Pavlus'un zırh tanımında, üç önemli düşünceye odaklanmanızı istiyorum:

1: Zırhın Tamamı

Kısmi bir zırh işe yaramaz. Bir askerin miğferi, sırt çantası, botları veya silahı olmadan savaşa girdiğini hayal edin. Benzer şekilde, düşmanın kontrolündeki pazar yerinin savaş alanına tam zırh kuşanmış olmadan ve her düşman saldırısına hazır bir şekilde giren %2'lileri hayal edin.

Tam zırhın altı parçası...

- **Hakikat Kemeri** – Üzerine diğer silahların bağlandığı Söz

- **Doğruların Göğüs Zırhı** – Kalbi ve ruhu koruur ve düşmana karşı parlayan bir sembol olarak hizmet eder

- **Kurtuluş Miğferi** – Zihni, kulakları ve düşünceleri korur

- **Barış İncili Ayakkabıları** – Dik durmaya ve zemini kaybetmemeye hazır ayakkabılar

- **İnanç Kalkanı** – Düşmanın ateşli oklarını engellemek ve tüm bedeni saldırılardan korur

- **Ruhun Kılıcı** – Tanrı'nın Sözü, tek saldırı silahı

Pavlus'un öğüdü, sadece bir veya iki parça değil, tüm zırhı giymektir. Tam koruyucu donanım olmadan, düşmanın en zayıf noktanızda saldırı moduna geçmesine karşı savunmasız olursunuz; uyguladığı tipik taktik budur.

Bu beş parçanın koruyucu donanım olduğunu, yalnızca birinin saldırı silahı olduğunu görün. Bu siz ve işiniz için potansiyel bir manevi savaşsa, neden yalnızca bir saldırı silahıyla sınırlısınız? Cevabı için okumaya devam edin.

2: Ayakta Durun

Pavlus zırhın tamamını betimlerken (Efesliler 6:10–20) dört kez, savaşmamamız gerektiğini, sadece ayakta durmamız gerektiğini belirtir. Bu benim için büyüleyici, çünkü neden zırhımızı giyip savaşmamalıyız?

Winkler, Pavlus'un bize neden bir duruş sergilememizi öğrettiğine dair muhteşem bir içgörü sunuyor. Zırhın tamamını giymenin amacının şu olduğunu söylüyor...

> ...Rab'bin kudretinde güç bulmak için, böylece ayakta kalabilirsiniz. O (Pavlus) savaşmak için zırh giymenizi söylemiyor, ancak Rab'de, sizi yok etmeye çalışan kötü güçlere karşı Mesih'teki kimliğinizin duruşunu koruyabilmeniz için söylüyor.[2]

Zırhınızı kuşanırken, savaşa girmekten çok, düşmanın hilelerine ve aldatmacalarına karşı koymak için (işte yine karşımızda... ayakta durmak) kendinizi Rab'bin gücüyle örtmeye çalıştığınızı fark edin.

3: Oyunlar

Cennet Bahçesi'nde düşman, Havva ve Adem'i aldatmak için ince yalanlar ve oyunlar ortaya koydu (Yaratılış 3). Aynı şeyi İsa'nın 40 günlük perhizi sırasında da denedi (Matta 4). Düşmanın taktikleri 6.000 yıldır değişmedi. Aynısını sizinle de yapacak.

Size şunlar gibi düşünceler ve fikirler getirecek...

- "Bunu yapamazsın."
- "Ekibin veya kaynakların yok."
- "Bu şimdiye kadar denediğin en çılgınca şey."
- "Bu işini mahvedecek."

ELİMİZDEKİ BÜYÜK AVANTAJ

- "Kimse senin yanında olmayacak."
- "Aklını mı kaçırdın?"
- "Rakiplerin ne düşünecek?"
- "Bir ton para ve hatta işini kaybedeceksin."
- "Kimse seni takip etmeyecek."
- "Bunu başaracak kadar güçlü bir lider değilsin."
- "Gerçekten, ama gerçekten bunun Tanrı'dan geldiğinden emin misin? Emin misin?"
- "Bunun hakkında ciddi değilsin... değil mi?"
- "Sadece bu çılgın iş dünyası kitabını okudun ve aptal yazarın dediği gibi uzman odaklı olma hatasını yapıyorsun."

Anladınız sanırım.

Ve bunların çoğu, deneyimleyebileceğiniz nükleer bombalarla karşılaştırıldığında düşmanın hafif toplarıdır.

Her zaman saldırıya uğramayacaksınız, ancak artık Ruh tarafından yönlendirilen bir iş dünyası lideri olmaya başladığınızda, zırhın tamamını giymeniz gerekir.

Bu yüzden, büyük rekabet avantajınızı serbest bırakmaya hazırlanırken, her gün tam, bütün zırhı giymeniz ve böylece kendi gücünüzle değil, Mesih'in gücüyle bir duruş sergilemeniz kritik öneme sahiptir.

Bu, hepimizin kilisede duyduğu, şeytanın kapısını çaldığını gören yaşlı kadınla ilgili eski hikâyeye benzer. Kapıyı açıktan sakin bir şekilde arkasını döner ve yüksek sesle, "İsa, bu senin için!" der.

Bir Şey Daha Var: Düşman Kaçmalıdır

Bunun için Tanrı'ya bağımlı olun. İblis'e karşı direnin, sizden kaçacaktır.

—Yakup 4:7

Düşmana İsa adına işinizi rahat bırakmasını emrettiğinizde, o buna uymak zorundadır! Başka hiçbir seçeneği yoktur!

Nokta!

Hiç!

Bu nedenle,

- Şeytanla kendi sahasında savaşmayın. Ona çoktan yenildiğini hatırlatın, ona direnin ve kaçması gerektiğini söyleyin; başka seçeneği yok!
- Zihinsel yeteneğinizle ruhsal bir savaş vermeyin. İsa gibi, siz de Söz'ü kullanarak savaşın (Matta 4:1–11).
- Düşmanın peşinizden geleceği düşüncesi sizi korkutmasın, "Çünkü içinizde olan, dünyada olandan büyüktür" (1 Yuhanna 4:4).
- Düşmanın sizin veya ekibinizin etrafında dolanmasına izin vermeyin. Ona gitmesini emredin, o da gidecektir!

Özetle, şunları hatırlayın...

- Duadan daha fazlasıdır.
- Bir sesten daha fazlasıdır.
- Bütün kalbinizle orada olun.
- Rab'be güvenin.
- Her gün zırhınızı kuşanın.

ELİMİZDEKİ BÜYÜK AVANTAJ

Bu beş hazırlık adımını benimsediğinizde, Kutsal Ruh'un gücünü işinizde serbest bırakmaya hazırsınız demektir.

Bu adımları gelişigüzel okumayın veya hiçbirini atlamayın. Rekabet avantajınıza kavuşmadan önce bunları kalbinizin ve ruhunuzun derinliklerine gömün. Bunu yaparak, Kutsal Ruh'un varlığını işiniz aracılığıyla göstermesi için kendinize sağlam bir zemin oluşturacaksınız!

Grup Tartışması

Kutsal Ruh tarafından yönlendirilmeye hazırlanmak için zaman ayırmak, düşünmeden başlamaktan neden önemlidir?

Kişisel ve ticari farkındalık sorularına verdiğiniz yanıtlar nelerdi?

Hazırlık adımlarından hangisi şu anda sizin için en önemlisi? Neden?

---

[1] Kyle Winkler, *Silence Satan: Shutting Down the Enemy's Attacks, Threats, Lies, and Accusations* (Lake Mary, FL: Passio, 2014), 150.

[2] Ibid., 142.

5

ELİNİZDEKİ BÜYÜK AVANTAJI KULLANIN

Ama Kutsal Ruh üzerinize inince güç alacaksınız.

—Elçilerin İşleri 1:8a

BÜYÜK DEĞİŞİMDEN GEÇMEYE KARAR VERDİNİZ.
Önünüze çıkabilecek olası engelleri biliyorsunuz.
Önünüzde sizi neyin beklediğine kendinizi hazırladınız.
Şimdi hazırsınız!

Bu bölüm, büyük rekabet avantajınızı ortaya çıkarmanız için altı anahtarla size rehberlik edecektir. Bunları sırayla uygulamanızı öneririm, çünkü bunlar doğal olarak sırasıyla birbirini güçlü bir sürece dönüştürür.

Bu bölümü şu şekilde uygulamanızı öneririm.

Öncelikle, not almadan altı bölümü de okuyun. Akışı, içeriği ve yarattığı ivmeyi hissedin.

İkincisi, her bölümü tek tek okuyun ve her bölümdeki kısa alıştırmaları tamamlayın. Her gün bir bölüme konsantre olmanızı öneririm. Çok hızlı hareket etmeyin. Kutsal Ruh'un bu gerçekleri ruhunuza derinlemesine işlemesine izin verin.

Üçüncüsü, Kutsal Ruh'un bu gerçekleri pekiştirmesine yetecek kadar zaman ayırdıktan sonra, 6. Bölüm "Devam Edin"e geçmeye hazır olacaksınız.

5.1. PRATİK YAPIN

Pratik yapmak (f): daha iyi olmak için bir şeyi tekrar tekrar yapmak; hayatınızın sıradan bir parçası olarak (bir şeyi) düzenli veya sürekli olarak yapmak.

İşinizde Kutsal Ruh'un gücünü serbest bırakmanın ilk anahtarı pratik yapmaktır.

Rekabetçi sporlar yapmış olan herkes, antrenman yapmanın mutlak gerekliliğini anlar. Her spor dalındaki profesyonel sporcular, olabileceklerinin en iyisi olmak için ciddi, terli, zorlu antrenmanlara yüzlerce, hatta binlerce saat harcarlar.

İş hayatında, profesyonel eğitim ve gelişim programları, çalışanları kendi başlarına çalışmaya başlamadan önce çok fazla pratik yaparak bu eğitimi iş başında uygular. Profesyonel hizmet şirketleri, hizmet temsilcileri ilk gerçek müşteri aramasını yapmadan önce müşteri aramalarını nasıl ele aldıklarına dair büyük miktarda pratik yaparlar. Profesyonel satış eğitmenleri, satış elemanlarına potansiyel müşterileri nasıl dinleyeceklerini ve onlarla anlaşmaları nasıl bağlayacaklarını öğretmek için deneme görüşmeleri yaparlar.

The Impacter: A Parable on Transformational Leadership adlı kitabımda, güvenin (yeteneğinize olan inancın) yeterlilikten (zaman içinde geliştirilen becerilerinizin derinliği) geldiğini öğretiyorum. Ne kadar çok pratik yaparsanız, o kadar yetkin olursunuz. Ne kadar yetkin olursanız, yeteneğinize olan güveniniz de o kadar artar.

Aynı şey, Kutsal Ruh'un gücünü işlerimizde serbest bırakmaya çalıştığımızda da geçerlidir.

İşte pratik yapmanın üç harika yolu: Tanığınızı tanımlayın, küçük başlayın ve ince ayar yapın.

Tanığınızı Tanımlayın

Pastörünüz veya öğretmeniniz önemli bir gerçeği paylaşır ve içinizdeki bir şey size "Evet! Bu iyi! Doğru!" der. Hatta bunu benim sıklıkla yaptığım gibi yüksek sesle bile söyleyebilirsiniz!

Kutsal Ruh bir gerçeği duyduğunda, bunu içinizde doğrular. Ruhunuz biraz önce söylenmiş olan gerçeği hisseder.

Bu sizin içsel tanıklığınızdır.

Bir kilise ayininde size tanıklık eden aynı Ruh, iş yerinizde de sizin için mevcuttur.

İçsel tanıklığınızı hissetmeyi uygulamaya devam etmek, içinizdeki Kutsal Ruh ile zaten tam olarak temas halinde olsanız bile, kritik derecede önemlidir.

İçsel tanıklığınızı hissetmeyi pratik etmekte aşırıya kaçmak diye bir şey yoktur!

İş yerinizde tanıklığınızın—içsel bilginizin—tamamen huzur içinde olduğu zamanları düşünün. Bu ne zamandı...

- İşinizi kurduğunuzda mı?
- Büyük bir projeye başladığınızda mı?
- Daha fazla insanı işe aldığınızda mı?
- Yüklenicileri değiştirdiğinizde mi?
- Büyük bir ekipman satın aldınızda mı?
- Önemli bir sözleşmeyi imzaladığınızda mı?
- Bir çalışanı tam potansiyelini ortaya koymaya ve çalışmaya zorladığınızda mı?
- Bir danışman veya koçla sözleşme imzaladığınızda mı?

Bir de, geriye dönüp baktığınızda, "Bunu *yapmamam* gerektiğini *biliyordum*" diyebileceğiniz zamanlar vardır:

- İşinizi kurdunuz!
- O büyük projeye başladınız!
- Daha fazla insan işe aldınız!
- Yüklenicileri değiştirdiniz!
- O ekipmanı satın aldınız!
- O sözleşmeyi imzaladınız!
- O çalışanı bir adım öteye geçmeye davet ettiniz!
- O danışman veya koçla sözleşme imzaladınız!

Tüm bu durumlarda, Kutsal Ruh'un zaten içinizde çalışıyor olması, sizi doğru kararlar almaya teşvik etmesi ve yanlış kararlar almaktan sizi koruması oldukça muhtemeldir.

Tanıklığı zaman içinde farklı koşullarda tespit etmek için odaklanmış, bilinçli bir çaba gerekir. Eğer bilinçli olmazsa, iyi iş kararlarını doğrulamak için her zaman içsel Kutsal Ruh tanıklığınızı ararsanız, hızla dünya tarafından yönlendirilmenin tüm yollarına geri dönersiniz.

Ne kadar çok pratik yaparsanız, tanıklığı tespit etmek de o kadar kolaylaşacaktır.

Küçük Başlayın

Bugün bize gündelik ekmeğimizi ver.

—Matta 6:11

Bu uygulama şekli, Kutsal Ruh'un sesini ayırt etmeyi yeni öğrenmeye başlıyorsanız harika bir yoldur. Size küçükten başlamanın ne kadar kolay olduğuna dair bir örnek vereyim. Bu *pratik* konseptini ilk öğrendiğimde, küçük başladım. Bir deneyimim gerçekten öne çıkıyor.

Genellikle işletmelerle ve kilise gruplarıyla elimizdeki büyük avantaj hakkında konuşurum. En popüler ve en iyi hatırlanan uygulama örneklerimden biri, bir restoranda yemek siparişi vermektir. İşte öğrettiğim şey.

Hepimizin bir veya iki favori yemeğimizi servis eden favori bir restoranımız vardır. Bir dahaki sefere o restorana gittiğinizde, her zaman sipariş ettiğiniz şeyi sipariş etmek yerine (favorilerinizden biri), durun, menüye bakın ve Kutsal Ruh'a "Ne sipariş etmemi önerirsin?" diye sorun.

Bir dahaki sefere bir restorana gittiğinizde bunu uygulamanızı neden öneriyorum?

- Kutsal Ruh sizin en sevdiğiniz yemekleri zaten biliyor.
- Ayrıca menüdeki sizin bilmediğiniz başka yemekleri de biliyor!
- Ayrıca kötü, sağlıksız veya mikrop dolu yiyecekler sipariş etmekten de sizi alıkoyabilir.

Yakın zamanda ev kilisemde bir vaaz verdim ve bu restoran sipariş örneğini O'nun sesini duyma pratiği yapmanın basit bir yolu olarak kullandım. Ertesi Pazar, mesajımı duyan genç bir kadın güçlü bir tanıklıkla koşarak yanıma geldi.

Bana çok, çok hassas bir midesi olduğunu ve çoğu yiyeceğe verdiği tepkinin aşırı fiziksel acıya ve hatta günlerce rahatsızlığa neden olduğunu söyledi. Mesajımı duyduktan sonra, kendisi ve kocası en sevdikleri restorana gittiler. Neden bu restoran? Menülerinde mide ağrısına neden olmayacak iki öğün yemek olduğunu bildiği için.

Ama bu sefer menüye baktı ve Kutsal Ruh'a sordu, "Tamam, bugün Jim'in öğrettiğini uygulayacağım. Kutsal Ruh, ne sipariş etmeliyim?"

ELİMİZDEKİ BÜYÜK AVANTAJ

Riski aldı ve bu kararda Kutsal Ruh'a güvendi.

Tanıklığının bu noktasına geldiğinde gözleri parlamaya başladı, yüzünde kocaman bir gülümseme belirdi ve "Daha önce hiç yemediğim bir şey sipariş ettim ve HİÇ KÖTÜ SONUCU OLMADI!" diye bağırdı. Artık HERHANGİ bir restorana gidebileceğimi ve Kutsal Ruh'un bana iyi ve lezzetli bir yemek göstereceğini BİLİYORUM. Bana tamamen yeni bir yemek seçenekleri dünyası açtın!"

Çok heyecanlanmıştı.

Elbette bunu yapan ben değildim; küçükten başlayarak Kutsal Ruh'a güvenen oydu.

Peki işinizde nasıl küçükten başlayabilirsiniz? Bazı yollar arasında Kutsal Ruh'a sormak yer alabilir:

- "Bu kişiyle bugün mü yoksa başka bir zamanda mı görüşmeliyim?"

- "Bu toplantıya katılmalı mıyım?"

- "Bu müşteriyi aramalı mıyım?"

- "Bu hizmeti veya ürünü işimize eklemeli miyim?"

- "Bunu şimdi mi yoksa daha sonra mı yapmalıyım?"

- "Bu projeyi bitirmek için yarın erken mi gelmeliyim yoksa bu gece geçe mi kalmalıyım?"

Bu temel listeye ekleyebileceğimiz onlarca şey daha var, ama ana fikrini anladınız. Küçük başlamanın olasılıkları sonsuzdur.

İçinizdeki tanığı tanımlama konusunda pratik yapmak ve güven kazanmak için küçük, düşük riskli fırsatlarla başlamanızı teşvik ediyorum. Bana güvenin... O, sizin bilinçli olarak O'nu aramanızdan keyif alacak ve siz pratik yaptıkça Kendisini size daha da çok tanıtacaktır.

İnce Ayar Yapın

Çevremizde çok fazla manevi gürültü var. Şeytan sürekli sizinle konuşmaya çalışıyor, sizi kontrol ettiği dünyadan gelen amansız gürültü ve mesajlarla bombardıman ediyor.

Pratik yapmaya başladığınızda, bazı başarılar ("o yemeği sipariş et") ve bazı başarısızlıklar yaşayacaksınız. Başarılarımızdan ziyade başarısızlıklarımızdan daha fazlasını öğreniriz. Pratik yaparak, ince ayar yapmayı öğrenmeliyiz; yani, başarısızlıklarımızdan öğrendiğimiz kadarı veya daha fazlasını.

Kutsal Ruh tarafından, içimde çalışan Kutsal Ruh'un sesini daha iyi ayırt edebilmem için O'nu dinleyen kulaklarıma ince ayar yapmayı öğrenmeme yardımcı olan en önemli iki hayat hikâyemi paylaşmaya yönlendiriliyorum.

Öncelikle, büyük başarıyı paylaşmama izin verin. Bunu elinizde tutuyorsunuz!

The Impacter serisinin devam kitabını yazmayı neredeyse bitirmiş olsam da bir engele çarptım. İlk başta, engelin ben mi yoksa Ruh tarafından mı emredildiğinden emin değildim.

Bunun Ruh'un tanıklığı olduğunu ve bedenimin veya şeytanın tanıklığı olmadığını hemen anladım (pratik yapmak).

Bir sabah, Kutsal Ruh'a ne yapmam gerektiğini sorarken, bana (duyulabilir bir sesle değil, o içsel bilgiyle) "İnsanlarıma iş hayatında sesimi duymayı nasıl öğrettiğimi anlatmak için bir kitap yaz" dedi.

Yazmakta olduğum kitabı hemen bir kenara koydum ve *Elimizdeki Büyük Avantaj*'ı yazmaya başladım.

Bu kitabı Kutsal Ruh'un rehberliğinde yazarken, şüphesiz önceki 14 kitabım arasında en çok beklenen kitap oldu!

Şüphesiz, bu hayatımın en doyurucu, eğlenceli ve en önemli eseriydi.

Sadece daha önce yaptığım pratikler sayesinde bunun gerçekten Ruh olduğundan emin olmuştum. Ve hemen O'na itaat ettim.

Şimdi de büyük başarısızlığa gelelim.

ELİMİZDEKİ BÜYÜK AVANTAJ

Birkaç yıl önce, eşim ve ben oğlumuzu başka bir eyaletteki Hristiyan erkek okulunda ziyaret ediyorduk. Bu ziyaretin son gününde, en değerli eşyalarımdan birini giydim: kız kardeşim ve erkek kardeşimin bana hediye olarak verdiği yepyeni bir Louisville Üniversitesi Ulusal Şampiyonası erkek basketbol polo tişörtü. Kentucky, Louisville'in hemen güneyindeki küçük bir kasabada büyüdüğüm ve lise boyunca basketbol oynadığım için, bu programın büyük bir hayranıyım.

Louisville Üniversitesi'nin ilk ulusal şampiyonluğunu kazanmasının üzerinden 18 yıl geçmişti, bu yüzden bu tişörtü giymek daha da eğlenceliydi.

Oğlumun okulundan ayrılmamıza sadece birkaç dakika kala, oğlumuzun arkadaşlarından biri yanımıza geldi ve sohbet etmeye başladık. Uzun boylu, zayıf 17 yaşındaki bir çocuk tişörtümü görünce heyecanla zıpladı. Louisville'liydi ve benim gibi büyük bir UL hayranıydı. Oyunculardan, şampiyonadan ve tekrar ulusal şampiyon olmaktan ne kadar mutlu olduğumuzdan bahsettik.

Birden içimden bir ses duydum (duyulabilen bir ses değil, içimdeki tanıklık) bana "Ttişörtünü ona ver!" dedi.

İlk tepkim, "Bu kesinlikle Rab'bin sesi olamaz. Neden yeni favori tişörtümü tanımadığım bir çocuğa vermemi istesin ki?" oldu.

Çocuk uzaklaşırken, "Ona tişörtünü ver. Arabanın bagajında bir sürü temiz tişört var," sözlerini tekrar duydum.

Gerçek şu ki tereddüt ettim, oğlumuza veda ettim ve uzaklaştım... hala değerli tişörtümü giyiyordum.

Beş dakikadan kısa bir süre sonra eşim Brenda'ya döndüm ve olanları anlattım. O da hemen Kutsal Ruh'la birlikte tişörtü çocuğa vermem gerektiği konusunda hemfikir oldu.

Yine de geri dönmek yerine eve sürdüm. Eve varır varmaz tişörtü yıkadım, Louisville'den gelen çocuğa postaladım ve gecikmiş itaatimin yanlış olduğunu söyleyen bir not ekledim. Ona Rab'be tövbe ettiğimi, çocuktan beni affetmesini istediğimi ve tişörtün onu kutsaması için dua ettiğimi söyledim.

Oğlum daha sonra bana, çocuğun tişörtü o kadar çok sevdiğini ve nadiren çıkardığını söyledi.

Benim için bu, büyük bir "Ona tişörtü vermem gerektiğini biliyordum" deneyimiydi. Sizin gibi, hepimiz kariyerimizde bunlardan birçoğunu yaşadık.

Başarısızlığımdan birçok değerli ders aldım, bunlardan bazıları şunlar...

- Kutsal Ruh'un belirgin ve güçlü içsel bilgisini nasıl tanıyabiliriz
- İstendiğinde hemen harekete geçmek
- Gecikmiş itaatin ağırlığı yerine anında itaatin bereketiyle karşılaşmak

Tanığınızı tanımlayın. Küçük başlayın. Sonra ince ayar yapın. Bunu başarmak pratik gerektirir—bolca bilinçli pratik.

Zamanla, pratiğiniz Kutsal Ruh'un içinizde daha net konuşan fısıltılarını duymanız için manevi kulaklarınızı güçlendirecektir.

Aşağıda, pratiğinize başlamanıza yardımcı olacak bir eylem planı sunuyorum.

Eylem Planınıza Çalışın

İşletmeniz için almanız gereken beş kararı listeleyin. Sizi yönlendirmesi için O'nun sesini dinlerken soruları yanıtlayın. Öğrendiklerinizi kaydedin.

Karar 1: _____

Dinlemeye nasıl başladınız?

Nasıl ince ayar yaptınız?

Ne öğrendiniz?

ELİMİZDEKİ BÜYÜK AVANTAJ

Karar 2: _____

Dinlemeye nasıl başladınız?

Nasıl ince ayar yaptınız?

Ne öğrendiniz?

Karar 3: _____

Dinlemeye nasıl başladınız?

Nasıl ince ayar yaptınız?

Ne öğrendiniz?

Karar 4: _____

Dinlemeye nasıl başladınız?

Nasıl ince ayar yaptınız?

Ne öğrendiniz?

Karar 5: _____

Dinlemeye nasıl başladınız?

Nasıl ince ayar yaptınız?

Ne öğrendiniz?

5.2. EYLEME GEÇMEDEN ÖNCE KONTROLÜNÜZÜ YAPIN

Kontrol (i): ileriye doğru bir gidişin veya ilerlemenin aniden durması; bir ilerlemede aniden duraklama veya kesinti; test etme veya doğrulama eylemi

İşinizde Kutsal Ruh'un gücünü serbest bırakmanın ikinci anahtarı, harekete geçmeden önce kontrolünüzü yapmaktır.

İnsanların nasıl karar aldığı beni her zaman büyülemiştir. İnsanları aldıkları kararları almaya iten şey nedir? İkna edici mesajlar ve çevresel faktörler karar vermeyi nasıl etkiler?

İnsan iletişimi alanındaki lisansüstü çalışmalarım boyunca, küçük grup karar alma sürecindeki kişilerarası ve psikolojik değişkenlere odaklandım. Aşağıdaki gibi konularda yıllarca derinlemesine çalışma ve araştırma yaptım…

- Fikir birliği arayışı
- Liderlik stilleri ve gruplarda gücün kullanımı
- Sözsüz iletişim dinamikleri
- Irklararası ve kültürlerarası iletişim
- Grup düşüncesi
- Aristoteles'in retoriği, ethos, pathos ve logos'un etkileri dahil
- Tümdengelimli, tümevarımlı ve analojik akıl yürütmenin gücü
- Erkek ve kadın problem çözme ikililerinde karar alma sürecinde iletişim anlayışının etkisi

İster inanın ister inanmayın, sonuncusu hem yüksek lisans tezimin hem de doktora tezimin odak noktasıydı. Uykusuz geceler için harika okumalar!

Yıllarca süren özverili çalışma, dünyanın en büyük akademik zihinlerinden ve çok sayıda profesyonel yayından bilgi aldıktan sonra, şimdi geriye dönüp baktığımda tek bir hakim sonuca varıyorum...

Vay canına, her şeyi yanlış mı anladım!

Son 20 yıldır, tüm zamanların en büyük lideri ve karar vericisi İsa'nın kararları nasıl aldığını araştırdım.

Tüm zamanların en büyük lideri ve iş zekası...

- Öğrencileriyle fikir birliği veya çoğunluk oyu arayışı içinde miydi?

- Sokrates, Aristoteles veya Platon'un eserleri üzerine mi düşünüyordu?

- O'nun Sözünün kişilerarası dinamikleri hakkında derinlemesine mi düşünüyordu?

- Trendleri ve tercihleri ortaya çıkarmak için müşteri odaklı gruplar mı oluşturuyordu?

- Uzmanlıklarından faydalanmak için yüksek maaşlı uzmanlar mı arıyordu?

Hayır, İsa'nın tamamen yeni, yenilikçi ve duyulmamış bir karar alma süreci vardı.

O, her zaman, her durumda, harekete geçmeden önce Tanrı'nın Ruhu'na danışırdı.

> İsa Yahudi yetkililere şöyle karşılık verdi: "Size doğrusunu söyleyeyim, Oğul, Baba'nın yaptıklarını görmedikçe kendiliğinden bir şey yapamaz. Baba ne yaparsa Oğul da aynı şeyi yapar. Çünkü Baba Oğul'u sever ve yaptıklarının hepsini O'na gösterir.

Şaşasınız diye O'na bunlardan daha büyük işler de gösterecektir. " (Yuhanna 5:19-20)

İsa, Tanrı Baba'nın Ruhu olan Kutsal Ruh'u düşünerek kontrolünü yaptı!

> Çünkü ben kendiliğimden konuşmadım. Beni gönderen Baba'nın kendisi ne söylemem ve ne konuşmam gerektiğini bana buyurdu. O'nun buyruğunun sonsuz yaşam olduğunu biliyorum. Bunun için ne söylüyorsam, Baba'nın bana söylediği gibi söylüyorum." (Yuhanna 12:49-50)

> Benim Baba'da, Baba'nın da bende olduğuna inanmıyor musun? Size söylediğim sözleri kendiliğimden söylemiyorum, ama bende yaşayan Baba kendi işlerini yapıyor. (Yuhanna 14:10)

İsa, bir şey yapmadan veya söylemeden önce her zaman kendi içine dönüp kontrolünü yapardı.

İşte harekete geçmeden önce kendinizi nasıl kontrol edeceğinizi eğitmenize yardımcı olacak üç basit yol: hız kesin, dış etkenleri izole edin ve son bir kontrol yapın.

Hız Kesin

İşyerinde kullanılabilen bu ifadelerden herhangi birini daha önce duydunuz mu?

- "Hızlı balık yavaş balığı yer."
- "Hızlı olmamak sonun demektir."
- "Bu acil."
- "Bunun dün bitmesi gerekiyordu."
- "Bizi hızlandır; yavaşlatma."

- "Onlar yeterince hızlı çalışmıyor."
- "Bir bütün günümüz yok."
- "Acele et!
- "Sadece dediğimi yap!"

İş dünyamızda, her gün ve her saat dışarıdan acil görünen kritik görevler veya *hemen tamamlanması* gereken kararlarla bombardımana tutuluyoruz. "Eh, bu da işin parçası" şeklindeki yanlış inanca kolayca alışabiliyoruz.

Ben de birçok kez aynı tuzağa düştüm. Küçük bir müteahhitlik şirketi işlettiğimde, marangoz ekibime ödeme yapmak için başka bir banka çeki alma baskısı, en hızlı banka çekini almak için aşamayı en hızlı tamamlamak üzere evden eve atlamaya zorladı beni. Şirketin sahibi, bir evi bitirip diğerine geçmek yerine neden rastgele, karmakarışık bir düzende oradan oraya zıpladığımı hiç anlamadı.

Geriye dönüp baktığımda, en hızlı inşaat kredisini almak için acele ederken tamamen para odaklıydım. Ancak karşılamam gereken bir bordrolar bütünü (benimki de dahil) ve ödeme yapmam gereken taşeronlar olduğu için başka bir yol bulamadım.

Şimdi keşke biri bana İsa gibi hız kesmeyi öğretseydi.

> Din bilginleri ve Ferisiler, zina ederken yakalanmış bir kadın getirdiler. Kadını orta yere çıkararak İsa'ya, "Öğretmen, bu kadın tam zina ederken yakalandı" dediler. "Musa, Yasa'da bize böyle kadınların taşlanmasını buyurdu, sen ne dersin?" Bunları İsa'yı denemek amacıyla söylüyorlardı; O'nu suçlayabilmek için bir neden arıyorlardı.
>
> İsa eğilmiş, parmağıyla toprağa yazı yazıyordu. Durmadan aynı soruyu sormaları üzerine doğruldu ve, "İçinizde kim günahsızsa, ilk taşı o atsın!" dedi.

Sonra yine eğildi, toprağa yazmaya başladı. Bunu işittikleri zaman, başta yaşlılar olmak üzere, birer birer dışarı çıkıp İsa'yı yalnız bıraktılar. Kadın ise orta yerde duruyordu. (Yuhanna 8:3-9)

İşte durum bu. Dini liderler, İsa'nın büyük bir kalabalığa ders verdiği tapınak avlusuna daldılar, bir kadını toplum içinde acımasızca utandırdılar ve herkesin önünde İsa'nın onların sorularına hemen bir cevap vermesini talep ettiler.

Herkes bu adamların ellerinde taş taşıyarak kadını veya muhtemelen İsa'nın kendisini öldürmekle tehdit ederken kelimenin tam anlamıyla çok ciddi olduklarını görebiliyordu.

Bu durum İsa'yı bir ikileme yöneltti: Yasa'nın öğrettiği gibi onu öldür ya da serbest bırak ve Yasa'yı çiğne.

Peki, İsa bu hayati duruma nasıl tepki verdi?

Dizlerinin üzerine çöktü ve toprağa yazdı... ve hiçbir şey söylemedi!

Bunu yapması bu adamları daha da çileden çıkardı. İsa'dan sorularını tekrar yanıtlamasını istediklerinde haksız öfkeleri görülebiliyordu: "Ne diyorsun? Onu öldürecek miyiz yoksa serbest mi bırakacağız? Seçenek A mı yoksa Seçenek B mi? Bize cevap ver... HEMEN!"

İsa bu ikinci ve daha da yoğunlaşan hayati duruma nasıl tepki verdi?

Toprağa yazmaya devam etti. İsa cevap vermeye tamamen hazır olduğunda ayağa kalktı ve (benim kelimelerimle) "Seçenek C diyorum... Eğer hayatında hiç günah işlemediysen, git ve onu öldür." dedi. Sonra tekrar diz çöktü ve toprağa yazmaya devam etti.

İsa ilk diz çöktüğünde ne yapıyordu? Bunu neden yaptı? Ne yapıyordu? Neden hiçbir şey söylemedi?

İçinde yaşayan Kutsal Ruh'a "Ruh, ne söylememi ve yapmamı istiyorsun?" diye sormak için yavaş davrandığına inanıyorum.

Ruh'un kendisine yapmasını söylediği şeyi tam olarak yaptığına inanıyorum. Talimatları arasında "Etki yaratmak için burada dur. Hadi hepsinin baskıyı biraz daha yoğun hissetmesini sağlayalım," da olabilirdi.

Onun cevabını bulmanın dünyevi, rasyonel bir yolu yoktu. Doğaüstüydü. Sadece Kutsal Ruh ona bu cevabı verebilirdi.

Bu inanılmaz, dünya dışı cevabının tek mantıklı açıklaması, bunun gerçekten de inanılmaz, dünya dışı bir Ruh'tan gelmiş olmasıdır. Tıpkı İsa'nın yaşamı tehdit eden bir durumda ruhunu kontrol etmek için hız kesmesi gibi, siz de karşılaştığınız herhangi bir iş durumunda hız kesip ruhunuzu kontrol edebilirsiniz.

Dış Etkenleri İzole Edin

İsa'nın etrafındaki adamlar bir cevap talep ettiler ve bunu hemen talep ettiler. Onların baskısı dışarıdan geliyordu.

Eğer İsa durumun baskılarının kendisini yönlendirmesine izin verseydi, hızlı ve korkunç bir karar verebilirdi. Bunun yerine, Ruh'un hüküm sürdüğü yer olan kendi içinden yönlendirilmeyi seçti.

İş dünyasında hepimiz böyle bir baskı hissettik. Hepimiz şu gibi şeyler yapmak zorunda kaldık...

- Son tarihten önce bir sözleşme imzalamak
- İşletmeyi büyütmeye yardımcı olmak yerine boş bir pozisyonu doldurmak için bir kişiyi işe almak
- Sadece bir anlaşmayı tamamlamak için çok fazla kârdan vazgeçmek
- Sadece başkalarının sizden beklediği için bir toplantıda hızlı bir karar vermek
- Arzu, zaman veya paranız olmadığında bir toplantıya veya öğle yemeğine katılmayı kabul etmek
- Potansiyel müşteri bunu şimdi beklediği için hızlı ve özensiz bir teklif hazırlamak

Bu benim listem, baskı altında kaldığım ve dış etkenleri izole etmediğim anlar. Belki siz de bunlardan bazılarını anlayabilirsiniz.

"Yani Jim, bize dışarıdaki her şeyi görmezden gelmemizi ve bir iş kararı vermeden önce sadece içimize bakmamızı mı söylüyorsun?" diye soruyor olabilirsiniz. Hayır, hiç de değil.

Tanrı bize okuma, araştırma, analiz etme, düşünme, gerçekleri arama, değerlendirme ve soruşturma yeteneğine sahip bir zihin verdi. Tanrı, bize verdiği insan zekasını elimizden gelen en iyi şekilde kullanarak anlayabileceğimiz her şeyi anlamamızı bekliyor.

Ama elinizden gelen her şeyi yaptıktan sonra, harekete geçmeye karar vermeden önce, Tanrı'nın Ruhu'nun yaşadığı içinizden O'nu tekrar dinleyin.

Unutmayın, Kutsal Ruh sizi içeriden yönlendirir. Düşman sizi dışarıdan baskı altına almaya çalışır!

Sizi yönlendirmeye çalışan dış sesleri her zaman Kutsal Ruh'la bastırmalısınız.

Son Kontrol

Son kontrol genellikle Kutsal Ruh'u doğru duyduğunuzu hızlı bir şekilde doğrulamaktır. Bu, bir eylemi geciktirme veya erteleme girişimi değil, içeride son bir kontrol için zaman ayırmaya yönelik basit bir teşviktir.

İş dünyasında olduğum dönemde, iş dünyası liderlerine tavsiyelerde bulunmak, konuşmak ve onlarla çalışmak için Amerika Birleşik Devletleri'nin her yerine ve bazen de uluslararası uçuşlar gerçekleştiriyorum. Kalkış için uçakta otururken penceremden dışarı bakıyorum ve genellikle pilotlardan birinin kalkıştan önce uçağın gövdesini, kanatlarını ve iniş takımlarını yavaşça incelediğini görüyorum. Bir müşteri olarak liderin bazı önemli operasyonel sistemleri son bir kez kontrol etmek için zaman ayırması beni rahatlatıyor.

Uçuş, pilotun güvenlik kontrolü nedeniyle birkaç dakika gecikse bile, buna üzüldüğümü düşünüyor musunuz? Asla. Mürettebatın, uçağın güvenli bir şekilde işletilmesini sağlamak için mesleklerine yeterince önem vermesinden heyecan duyuyorum. Tüm iş ortaklarıma, bir sonraki önemli kararı vermeden önce tüm verilerini, raporlarını, evraklarını ve notlarını bir kenara koymalarını ve Ruh'a ne yapmaları gerektiğini sormak için sessiz bir yere gitmelerini tavsiye ediyorum.

Bu son kontrol sıklıkla:

- sizi baskı dolu ortamdan uzaklaştırır
- sizi en iyi karardan emin kılar
- kararın iyiliği konusunda ruhunuzda daha fazla güven ve netlik oluşturur.

Daha sonra, karar konusunda gönül rahatlığıyla ilerleyip hareket edebilirsiniz.

Eyleme Geçmeden Önce Kontrolünüzü Yapın Eylem Planı

İşinizde Kutsal Ruh'un gücünü serbest bırakmanın ikinci anahtarı, *harekete geçmeden önce kontrolünüzü yapmaktır*, bu yüzden...

- Hız kesin.
- Dış etkenleri izole edin.
- Son kontrolünüzü yapın.

Önümüzdeki hafta, bu üç kritik adımı karar alma sürecinize entegre edin. Ardından, her karar için "Eyleme Geçmeden Önce Kontrolünüzü Yapın"ı nasıl etkinleştirdiğinizi netleştirmenize yardımcı olması için bu eylem planını kullanın. Bu basit eylem, Kutsal Ruh'un kararlarınızı yönlendirdiğine olan güveninizi oluşturmak için sonsuza dek kullanabileceğiniz bir eylemdir.

ELINIZDEKI BÜYÜK AVANTAJI KULLANIN

Karar 1: _____

Nasıl hız kestiniz?

Dış etkenleri nasıl izole ettiniz?

Son kontrolünüz neyi doğruladı?

Karar 2: _____

Nasıl hız kestiniz?

Dış etkenleri nasıl izole ettiniz?

Son kontrolünüz neyi doğruladı?

Karar 3: _____

Nasıl hız kestiniz?

Dış etkenleri nasıl izole ettiniz?

Son kontrolünüz neyi doğruladı?

Karar 4: _____

Nasıl hız kestiniz?

Dış etkenleri nasıl izole ettiniz?

Son kontrolünüz neyi doğruladı?

Karar 5: _____

Nasıl hız kestiniz?

Dış etkenleri nasıl izole ettiniz?

Son kontrolünüz neyi doğruladı?

5.3. BİR TANIK ARAYIN

Tanık (i): bir olgu veya olayın tasdiki; bir şey hakkında kişisel bilgisi olan kişi

İşinizde Kutsal Ruh'un gücünü serbest bırakmanın üçüncü anahtarı bir tanık aramaktır.

Amerika'daki sayısız ceza davası, sadece bir tanığın, suç mahallinde bulunan ve ne olduğunu bilen birinin tanıklığına dayanarak karara bağlanmıştır. Tanıklıkları aracılığıyla, yaşananların doğruluğunu teyit edebilirler. Karşıt kanıtlara bakılmaksızın, bir tanığın tanıklığı, tanık olmayan onlarca uzmanın sesini kolayca etkisiz kılabilir.

Aynısı ruhunuz, tek, her şeye gücü yeten, her şeyi bilen içsel ruhsal tanığınız için de geçerlidir.

Gerçek Tanık

Güvenilir tanık yalan söylemez, yalancı tanıksa yalan solur.

—Özdeğişler 14:5

İşyerinde hiç birisi size yalan söyledi mi? Bir çalışan? Bir patron? Bir satıcı? Bir müşteri? Elbette söyledi. Eğer 24 saatten uzun süredir iş yapıyorsanız, birisi size büyük ihtimalle küçük veya büyük bir yalan söylemiştir.

Peki bunun bir yalan olduğunu nasıl anladınız? Bu kişinin doğruyu söylemediğini size ne söyledi? Yalanı görmenize ne yardımcı oldu?

Cevap basit. Gerçeği zaten biliyordunuz!

İster finansal veya operasyonel rakamlar, ister bir işlem geçmişi, ister bir raporun eksik bir maddesi, isterse başka bir kişi olsun, içinizdeki bir şey zaten gerçeğe dair bir hisse sahipti. Bir sahtekârı tanımak kolaydı.

Çoğu durumda, bu ifadenin doğruluğunu veya yanlışlığını doğrulayan, içinizde yaşayan gerçek Tanık, yani Kutsal Ruh'tu.

Bazen hepimiz kandırılırız. Bir şey duyarız ve "Aman Tanrım, bilmiyorum. Kulağa hoş geliyor. Mantıklı. Sanırım öyle olabilir. Emin değilim ve onları bir şeyle suçlamak ve yanılmak beni çok üzer," deriz.

Peki ne zaman kandırılırız? Ruh tarafından yönlendirilmektense, beyin odaklı, fikir odaklı veya duygu odaklı eski alışkanlıklarımıza geri döndüğümüzde.

Peki gerçek tanık ile sahte tanık arasında nasıl ayrım yapabilirsiniz?

Gerçek tanık size şunları verir...

- Barış (Filipililer 4:7)
- Birlik (Efesliler 4:3)
- Sabır (Galatyalılar 5:5)
- Güç (Efesliler 3:16)
- İçgörü (1 Korintliler 2:10, 13)
- Sevinç (1 Sel. 1:6)

- Teselli (Elçilerin İşleri 9:31)
- Meyve (Galatyalılar 5:22–23)

Yalancı tanık ise şunlara sebep olur…

- Kargaşa
- Rahatsızlık
- Endişe
- Zayıflık
- Kafa karışıklığı
- Korku
- Belirsizlik
- Stres

Verdiğiniz en iyi kararlar her zaman ikinci listeden daha ziyade ilk listeyi içerir.

Bir karar için bir tanık ararken, gerçek tanık ile sahte tanık arasındaki farkı nasıl hızlı bir şekilde ayırt edeceğinizi kendinize hatırlatmak için bu listeleri elinizin altında bulundurun.

Unutmayın, Kutsal Ruh sizi tüm gerçeğe yönlendirecektir (Yuhanna 16:13). Tek bir tanık aramanız gerekir: Kutsal Ruh'un gerçek tanıklığını.

Bir Tanık Yeterlidir

> *Ruh'un kendisi, bizim ruhumuzla birlikte, Tanrı'nın çocukları olduğumuza tanıklık eder.*
>
> —Romalılar 8:16

Liderlik üzerine iş dünyasında yaygın bir söz, "Zirvede yalnızlık vardır," şeklindedir.

Bir iş dünyası lideri olarak, her gün onlarca karar verirsiniz. Pozisyonunuz ne kadar yüksekse, kararınızın şirketiniz üzerindeki etkisi o kadar büyük olur. Ve genellikle, karar ne kadar büyükse, o karara dahil etme özgürlüğünüz olan kişi sayısı da o kadar az olur.

Bazen iş dünyasında zirvede yalnızlık vardır.

Ve bir konuda tek başınıza olduğunuzda hissettiğinizden daha yalnız olduğunuz başka hiçbir zaman yoktur.

Şirketin komuta zincirinin en üstünde veya en altında olmanız fark etmez, bir sorunun bir tarafındaki tek kişi olduğunuz zamanlar ve kararlarla karşı karşıya kalırsınız. Bu zamanlarda, sizin tarafınıza toplanacak, sizi kurtarmaya gelecek ve duruşunuz konusunda sizi rahatlatacak birini ararsınız.

Bu, tek gerçek tanığı, Kutsal Ruh'u aramak için mükemmel bir zamandır çünkü O yeterlidir.

Tıpkı bir trafik ışığı gibidir. Trafik ışıklarımızın üç rengi var. Kırmızı *dur* anlamına gelir. Sarı, *yavaşla* ve *dikkatli ilerle* anlamına gelir. Yeşil, *geç* anlamına gelir. Deneyimime göre, Kutsal Ruh bazen kırmızı ışık, bazen sarı ışık ve bazen de yeşil ışık verir.

İşte tanık aramanın bir yolu. Şunu hissederseniz...

- **Endişe veya belirsizlik** – Durun! Muhtemelen kırmızı ışıktır.

- **Hiçbir şey** – Bekleyin ve aramaya devam edin. Muhtemelen sarı ışıktır.

- **Barış ve güç** – Gidin ve HEMEN GİDİN! Eyleme geçmek için Kutsal Ruh'tan yeşil ışık aldınız!

İki Tanık İse Daha İyidir

Bu nedenle aramızdan seçtiğimiz bazı kişileri, sevgili kardeşlerimiz Barnaba ve Pavlus'la birlikte size göndermeye oybirliğiyle karar verdik.

—Elçilerin İşleri 15:25

ELİMİZDEKİ BÜYÜK AVANTAJ

Kutsal Ruh ve bizler, gerekli olan şu kuralların dışında size herhangi bir şey yüklememeyi uygun gördük.

— Elçilerin İşleri 15:28

Ancak Silas'a orada kalmak iyi göründü.

— Elçilerin İşleri 15:34

Strong's Sözlüğü tanıklık kelimesini "birlikte tanıklık etmek, yani (eşzamanlı) kanıtlarla doğrulamak; şahitlik etmek; birlikte şahit olmak" olarak tanımlar. Yukarıdaki ayetlerin her birinde, inananlar aynı kararda fikir birliği olan tanıklar olarak bir araya geldiler. "Kutsal Ruh'a ve bize iyi göründü" eş-tanıklığın mükemmel bir örneğidir. Kutsal Ruh onlara bireysel olarak "Evet, bu iyi bir karar" dedi ve sonra içsel tanıklarıyla birlikte ortaklaşa anlaştılar.

Kutsal Ruh ile bireysel tanıklığınız kesinlikle yeterli olsa da, iki veya daha fazla inananın tanıklığı daha da iyidir!

İşte iki kişilik eş-tanıkların gücüne dair bir örnek.

Geçtiğimiz günlerde, bölgesel bir konferansta kapanış konuşmasını yapan büyük bir grup Hristiyan iş dünyası liderine hitap ettim. Bu kitaptaki ilkelere dair kısa bir genel bakış paylaştım. Mesajımı verirken, Kutsal Ruh'un beni başlangıçta hazırladığımdan daha fazla eş-tanık aramaya yönelttiğini hissettim. Konferanstan üç gün sonra, konferans katılımcılarından biri olan, bir iş devi ve bu prestijli Hristiyan iş örgütünün kurucu üyelerinden birinden uzun ve detaylı bir e-posta aldım.

Sorun hakkında kısa bir genel bakışın ardından, e-postasında şöyle yazıyordu:

> Özetle, dün gece eve giderken mesajınızı hatırladım. Radyoyu kapattım, Kutsal Ruh'a bu durumda ne yapmam gerektiğini sözlü olarak sordum. Yardımcı ofis müdürümü arayıp bu konudaki düşüncelerini

sormak konusunda kendimi etkilenmiş hissettim (o HARİKA bir kadın, Tanrı'yı sever, ama ben bunu ASLA yapmadım!).

Dostum, birlikte harika bir çözümle güçlü ve hızlı bir eş-tanıklık yaptıklarını anlatarak sözüne devam etti. E-postasını şöyle sonlandırdı:

> (Söylemeye gerek yok) Bu çözümü ASLA kendi başıma bulamazdım. O toplantıda öğrettiğiniz prensipleri bu kadar HEMEN uygulayan başka kaç kişi olduğunu bilmiyorum ama ben kesinlikle uyguladım ve Rab'be itaat edip grubumuza konuşma çabası gösterdiğiniz için teşekkür ederim!

Bu, eş-tanık aramaya mükemmel bir örnektir. İş yerinde bir diğer inananın tanıklığını aramanın verdiği güveni ve sevinci hissedebilirsiniz.

İş yerinde eş-tanıklardan oluşan güçlü ve inançlı bir ekibiniz olduğunda, şirketiniz için her sorunun veya durumun üstesinden gelebilirsiniz.

Ancak, iş yerinde bir eş-tanık aramak her zaman kolay veya hızlı değildir. Zorluk, bir eş-tanık aradığınızda ve kararlarınız uyuşmadığında ortaya çıkar; o kişi sorunun farklı taraflarına bakıyordur. O zaman ne yapmalısınız?

Sosyal medya ve web sitesi strateji koçum harika, Ruh'la dolu bir inanan ve çok satanlar arasında yer almış bir yazar. Yöneticilik konusunu benden daha iyi veya çok daha iyi biliyor. Tüm dijital pazarlama ve konumlandırma çabalarıma koçluk yapmaya ve rehberlik etmeye devam ediyor.

Doğal olarak, ona birçok kez "Şunu düşünüyorum. Bu konuda bir tanığın var mı?" diye soruyorum.

Genellikle, hissettiğim şeyi hemen doğruluyor. Bazen de doğrulamıyor. Katılmıyor ve farklı bir şey öneriyor. Peki, ne yapmalıyım?

Platformum, hedeflerim ve Tanrı'nın beni mükemmel planındaki görevimi yerine getirmem için nasıl çağırdığı konusunda ilk elden bilgiye sahip olduğu için, karara ilişkin kişisel tanıklığımı aramak için tekrar geri dönüyorum.

Kutsal Ruh ile daha derinlere inmek, beni yalnızca bu karar için değil, aynı zamanda yaşam için de O'nunla daha yakın, daha güçlü bir ilişkiye çekiyor. Çoğu zaman, O'nun kararının ruhumda yerleşmesi çok kısa bir zaman alıyor.

Günün sonunda, karar benim. Yapmam gerekeni yapıyorum. Ve Rab'le geçirdiğim ekstra zaman bana daha fazla güç, huzur ve bağlılık veriyor.

Komik olan şey, kararımı uyguladıktan sonra, arkadaşımın sık sık "Şimdi neden bu seçeneği seçtiğini daha net görebiliyorum. Bunu bu bakış açısından düşünmemiştim. Senin için işe yarayacağını biliyorum," demesi olmuştur.

Sonunda, başlangıçta aradığım eş-tanıklığı elde ediyorum. Kişisel tanıklığıma yanıt olarak sadece inançla bir adım atmam yetiyor.

En İyi Ekip Oluşturma Stratejisi

> Merhaba, Tom, senden yardım isteyebilir miyim? Büyük bir karar vermek üzereyim... Rab'bin benden tam olarak ne yapmamı istediğini duyduğumdan emin olmak istiyorum. Bana söylediğini hissettiğim şey şu... Bu konuda bir tanığın var mı?

Şirketinizdeki inanan %2'lilerden bir diğeri olan Tom'un heyecanlı tepkisini hayal edin.

Böylesine önemli bir konuda size yardım etmesi istendiğinde ne kadar alçakgönüllü ve istekli hissedeceğini hayal edin.

Tom eş-tanıklığın gücünü biliyorsa ne yapacağını da bilir.

Ekip kurmaktan iş yerinde başkalarını eş-tanık olmaya davet etmeye kadar pek çok avantajı düşünün. Meslektaşlarınızla birlikte bir eş-tanık aramak...

- Kararlarınızda güven oluşturur.
- İşinizin İncil temellerini sağlamlaştırır.
- Ekibinizin kalplerini ve ruhlarını dinleme isteğinizi gösterir.
- Şirketiniz genelinde maneviyatı artırır ve ayırt etme yeteneğini geliştirir.
- Başkalarına da kararları konusunda aynısını yapmalarını hatırlatır.
- Başkalarına, katılmadıkları kararlarda bile güvence verir.

Bu, şimdiye kadarki en güçlü ekip oluşturma sorusudur: "BİR TANIĞINIZ VAR MI?"

Özel Yaşamdaki Uygulaması

Uzun zaman önce zeki, güzel ve Ruh'la dolu eşim Brenda ile karar alma konusunda yeni bir yaklaşım başlattım.

Çoğu eş gibi ben de eskiden ona şunları sorardım...

- "Bunun hakkında ne HİSSEDİYORSUN?"
- "Bunun hakkında ne DÜŞÜNÜYORSUN?
- "Bunun hakkında FİKRİN ne?"

Şimdi güçlü bir kararda onun fikrini istediğimde, sadece "Bununla ilgili bir TANIĞIMIZ var mı?" diye soruyorum.

Bu yaklaşım, onun karar verme sürecini anında duygular, beyin veya fikir odaklı olmaktan sadece Ruh odaklı olmaya kaydırıyor.

Çünkü onun içinde benimle aynı Kutsal Ruh yaşıyor, artık bir eş-tanıklık arayarak kararlar alıyoruz.

Sonuçlar şaşırtıcı. Sorunun yapısını değiştirerek, artık bir çift olarak daha da güçlü bir şekilde yürüyoruz.

Bir Tanık Arayın Eylem Planı

İşte basit, dört sorudan oluşan *Bir Tanık Arayın* Eylem Planı. Bunları sırayla cevaplayın.

Karar 1 _____

Bu karar veya eylem hakkında kişisel bir tanığım var mı?

Bu konuda bir eş-tanığa ihtiyacım var mı?

Eğer öyleyse, eş-tanık olarak kimi talep etmeliyim?

Onun bu konuda bir tanığı var mı?

Tanık kararım şudur:

Karar 2 _____

Bu karar veya eylem hakkında kişisel bir tanığım var mı?

Bu konuda bir eş-tanığa ihtiyacım var mı?

Eğer öyleyse, eş-tanık olarak kimi talep etmeliyim?

Onun bu konuda bir tanığı var mı?

Tanık kararım şudur:

Karar 3 _____

Bu karar veya eylem hakkında kişisel bir tanığım var mı?

Bu konuda bir eş-tanığa ihtiyacım var mı?

Eğer öyleyse, eş-tanık olarak kimi talep etmeliyim?

Onun bu konuda bir tanığı var mı?

Tanık kararım şudur:

Karar 4 _____

Bu karar veya eylem hakkında kişisel bir tanığım var mı?

Bu konuda bir eş-tanığa ihtiyacım var mı?

Eğer öyleyse, eş-tanık olarak kimi talep etmeliyim?

Onun bu konuda bir tanığı var mı?

Tanık kararım şudur:

Karar 5 _____

Bu karar veya eylem hakkında kişisel bir tanığım var mı?

Bu konuda bir eş-tanığa ihtiyacım var mı?

Eğer öyleyse, eş-tanık olarak kimi talep etmeliyim?

Onun bu konuda bir tanığı var mı?

Tanık kararım şudur:

5.4. Ruhu Söndürmeyin

Söndürmek (f): yanmasına, aydınlatmasına son vermek; bir şeyi sona erdirmek

İşinizde Kutsal Ruh'un gücünü serbest bırakmanın dördüncü anahtarı, ruhu söndürmemektir.

Vietnam Savaşı sırasında genç bir çocuktum. Yıllarca her gün televizyon haber programlarında, ülkemiz için ölen kahramanların sayısını, o günün zayiat sayımını duyduk.

Savaşın en dramatik unsurlarından biri, alaycı bir şekilde "Hanoi Hilton" olarak adlandırılan, askerlerin yıllarca acımasızca işkence gördüğü büyük bir yerleşkede savaş esiri olarak tutulan birçok insanın hikâyesini öğrenmekti.

Yaklaşık on yıldır, iyi arkadaşım Dr. Steve Linnville, Vietnam, Çöl Fırtınası ve Irak Özgürlük Harekatı'ndan gelen savaş esirleri üzerindeki esaretin zihinsel ve fiziksel etkilerini inceleyen olağanüstü bir tıp ve psikoloji uzmanları ekibinde görev yaptı. Hem erkek hem de kadın yüzlerce kahraman, kapsamlı fiziksel değerlendirmeler ve sağlık sorunları için sık sık Pensacola Deniz Havacılık İstasyonu'ndaki Robert E. Mitchell Merkezi'ni ziyaret ediyor.

Uzun zamana yayılmış araştırmalarında sorulan temel soru şu oldu: "Yıllarca süren korkunç işkencelerden sağ kurtulan askerler ile sağ kurtulamayan askerler arasındaki temel farklar nelerdir?"

Belki de bugüne kadarki araştırmalarının en şaşırtıcı bulgusu şudur: *İyimserlik*, dayanıklılığı, herhangi bir psikolojik bozukluğun olmadığını tahmin etmede en önemli özelliktir.

Bu dayanıklılığa en büyük katkıyı sağlayan şey *inançtır*. Birçokları için inançları Tanrı inancıydı. Diğerleri içinse inançları daha iyi bir gelecek içindi.

İş dünyasında Kutsal Ruh'u nasıl serbest bırakacağınıza dair bir kitapta geri gönderilen savaş esirleriyle ilgili araştırma bulgularından neden bahsediyoruz?

Öncelikle, Kutsal Ruh beni bunu eklemeye yönlendirdi.

İkincisi, dakikalarca, saatlerce, günlerce ve yıllar boyu aşırı fiziksel ve zihinsel işkenceye maruz kaldıktan sonra sağ kurtulanlar, içlerinde yaşayan ruhu söndürmedikleri için yaşamayı başardılar.

Evet, Vietnam savaş esirlerinin çoğu inananlardır ve gördükleri insanlık dışı muameleler hakkında duyduğum birkaç hikaye bile yaşadığım sözde kişisel ve profesyonel zorlukları önemsiz hale getiriyor.

> Her zaman sevinin. Sürekli dua edin. Her durumda şükredin. Çünkü Tanrı'nın Mesih İsa'da sizin için istediği budur. Ruh'u söndürmeyin. (1 Selanikliler 5:16–19)

Gerçeği kabul edelim: Ruhu söndürmek kolaydır.

Pazar günleri, geleneksel olarak ibadethanelerimizde bir araya geldiğimiz, şarkılar söylediğimiz, Tanrı'ya bize bahşettiği Ruhu için şükrettiğimiz ve bazen de Kutsal Ruh'un yolları ve harikaları hakkında mesajlar ve İncil ayetleri duyduğumuz günlerdir.

İçimizde bir şeylerin çalkalandığını, iyi bir şey ve Tanrı ile birlikte ruhsal yürüyüşümüz hakkında derinlemesine düşünmemize neden olan bir şey hissettiğimizde dua eder ve *amin* deriz.

Ayinden sonra gülümser ve arkadaşlarımızla el sıkışırız, verilen harika mesaj ve müzik hakkında konuşuruz, kendimizi nasıl "adamış" olduğumuzla ilgili şakalaşırız ve kapıdan çıkıp eve veya bir restorana gideriz. Kilise otoparkından ayrılır ayrılmaz öğretileri, mesajları, kutsal yazıları ve kilise binasının içindeki telkinleri de bırakmış oluruz.

Çoğumuzun Kutsal Ruh'un gücünü işimizde nadiren görmesi şaşırtıcı mı?

Ruhsal liderlerimizin öğretilerini, izlenimlerini ve öğütlerini belirlenmiş bir Pazar günü binasının sıralarında ve koridorlarında bırakmak çok kolaydır.

Tanrı'nın Ruhuyla kendimizi çok kolay yıkayabiliriz.

Ruh'u söndürmenin genellikle üç yolu vardır: O'nu görmezden gelmek, O'nu boğmak ve O'nu kederlendirmek.

1. Onu Görmezden Gelmek

Gözleriniz olduğu halde görmüyor musunuz? Kulaklarınız olduğu halde işitmiyor musunuz? Hatırlamıyor musunuz?

—Markus 8:18

Görmezden gelmek, duyduğunuzu veya gördüğünüzü göstermeyi reddetmek ve bir şey veya birine yanıt olarak hiçbir şey yapmamak anlamına gelir. Belki de Kutsal Ruh'u söndürmenin en kolay yolu O'nu görmezden gelmektir.

Eski bir müşterimle olan sözleşme sürem boyunca, şirket sahibi bir satış elemanına kitabım *The Impacter*'daki liderlik prensiplerinin nasıl uygulanacağına dair şirket çapında bir uygulama planı hazırlamasını söyledi. Ben sözleşmeli ve bunu yapmaya tamamen açık olmama rağmen, plan zaten satış elemanı tarafından geliştirildikten sonra projeye dahil edildim.

"Kitabın" yazarı (ben) odada oturuyordu.

"Kitabın" yazarı müsaitti, yardım etmeye hazırdı ancak görmezden gelindi.

Unutmayın, *Kitabın* (İncil) yazarı içinizde yaşıyor. O, mükemmel bilgeliğini şirketinize nasıl entegre edeceğiniz konusunda size rehberlik etmek ve yol göstermek için her zaman istekli ve hazır.

Kalbinizde Kutsal Ruh'u bir daha asla görmezden gelmeme amacını taşıyın (Yuhanna 14:26).

2. Onu Boğmak

Boğmak, bir şeyin büyümesini veya yayılmasını engellemek için onu örtmek... bir şeyin olmasını engellemeye çalışmak anlamına gelir.

Bazen, cevap apaçık görünür. Açıkça yapmamız gerekenler şunlardır...

ELİMİZDEKİ BÜYÜK AVANTAJ

- O ekipmana yatırım yapın
- O fuara katılın
- O yeni reklam programına atlayın
- O çalışanı kovun
- O sorunun sorumluluğunu üstlenin

Açıkça görünen şeylere kapılmak kolaydır.

Luka 10:40'ta Martha çılgınca yemek pişiriyordu ve İsa'nın öğretisini misafirlerle dolu bir evin önünde kaba bir şekilde böldü.

İsa'yı bölerek, kız kardeşine hakaret ederek ve İsa'ya ne yapması gerektiğini söyleyerek Ruhu boğmaya çalıştı. Martha'ya bariz gelen şey (insanların şimdi beslenmesi gerekiyor) o anda en önemli şey değildi (İsa'yı dinlemek).

Martha dahil oradaki herkes, İsa'nın öğretilerine odaklanmanın ve onlara dokunmak isteyen Ruhunu boğmamanın çok daha önemli olduğunu öğrendi.

İş hayatında Kutsal Ruhu nasıl boğabiliriz? Şu olduğunda...

- Tüm *gerçekler* bir şey söylüyor, ama Kutsal Ruh başka bir şey söylüyorsa.
- Tüm *uzmanlar* bir şey söylüyor, ama Kutsal Ruh başka bir şey söylüyorsa.
- Tüm *personel* bir şey söylüyor, ama Kutsal Ruh başka bir şey söylüyorsa.
- Bir eş-tanık aramayı reddediyorsanız.
- "Ona tişörtünü ver" dendiğini duyuyorsanız, ama bunu hemen aklınızdan çıkarıyorsanız.

Düşmanın, Kutsal Ruh'u kendi işlerinizde boğmanızdan başka hiçbir şeyi sevmediğini bilin.

3. Onu Kederlendirmek

Tanrı'nın Kutsal Ruhu'nu kederlendirmeyin. Kurtuluş günü için o Ruh'la mühürlendiniz.

—Efesliler 4:30

Hiç yanlış olduğunu bildiğiniz bir şeyi yaptınız ve yine de yapmaya devam ettiniz mi?

Çoğu zaman gereğinden fazla mı yiyorsunuz? Boş zamanlarınızda sadece yapmak istediklerinizi yaparak eşinizi veya ailenizi boşluyor musunuz? Çocuklarınıza şu anda onlarla oynayacak enerjiniz olmadığını ama yarın tekrar size sormalarını mı söylüyorsunuz?

Ya da işinizde, kendinizi hiç şuna ikna ettiniz mi...

- Yıllar önce işten çıkmış olması gereken bir çalışanı tuttunuz mu?
- Kısa vadeli nakit akışınızı iyileştirmek için tedarikçilerinize zamanında ödeme yapmayı ertelediniz mi?
- Önemli bir çalışanın eşini aldatması veya şirket politikasını açıkça ihlal etmesi durumunda bunu görmezden geldiniz mi?
- Uzun vadeli bir müşterinin çalışanlarınıza kaba veya saygısız davranmasına izin verdiniz mi?

Kederlendirmek, birinin üzgün veya mutsuz hissetmesine... onun acı çekmesine neden olmak demektir. Evet, Kutsal Ruh'u işinizle kederlendirebilirsiniz. Ayrıca hakaretlerinizle de kederlendirebilirsiniz.

> Eğer bir kimse Tanrı Oğlu'nu ayaklar altına alır, kendisini kutsal kılan antlaşma kanını bayağı sayar

ve lütufkâr Ruh'a hakaret ederse, bundan ne kadar daha ağır bir cezaya layık görülecek sanırsınız? (İbraniler 10:29)

Ruhun nasıl kederlendiğine karşı daha duyarlı olmayı öğrenmemi sağlayan en kolay yollardan biri, bir başkasının eylemleri yüzünden inanmazlıkla başımı salladığım zamanların daha fazla farkında olmaktır.

Kutsal Ruh'un gücünü serbest bırakma yolunda sağlam adımlar atarken, kendime "Şimdi, neden buna başımı salladım?" diye sorarım.

Çoğu durumda, birinin trafikte önümü kesmesi, arabasıyla tüm şeridi tıkadığının farkında olmadan durması vb. durumlarda makul bir tepkidir.

İş yerinde, kendinizi şu gibi şeylere başınızı sallarken bulabilirsiniz...

- Bazı insanların toplantılarda söyledikleri
- Kendi toplantılarına sürekli geç kalan liderler
- Bir kişinin veya ekibin verilen görevi tamamlama konusundaki isteksizliği
- Özensiz çalışma
- Son kişinin fincanını doldururken mola odasında bıraktığı boş kahve kupaları

Bu eylemlerin bedenimi mi yoksa içimdeki Ruhu mu kederlendirdiğini bilerek kendime soruyorum.

Birçok durumda, bu sadece bedenimi kederlendirir. Örneğin, boş kahve makinesini ele alalım. Kurtarıcımın hizmet etmek için geldiğini ve hizmet edilmek için gelmediğini kendime hatırlatıyorum. Bu nedenle, telveleri temizlemek, hazneye temiz su dökmek ve herkes için dumanı tüten, taze bir kahve demlemek başkaları için bir lütuftur.

Bu, bedenin bir şikâyetini başkaları için bir lütufa dönüştürmenin basit ama çok yaygın bir örneğidir.

Eğer bedenimi kederlendiriyorsa ve yapabiliyorsam bunu düzeltirim, sonra yaptığımı unuturum.

Eğer ruhumu kederlendiriyorsa, böyle hissetmemin temel nedenini bulmak için biraz daha düşünürüm. Kutsal Ruh'a dua ederim,

- "Bunun için neden kederleniyorsun?"
- "Bununla ilgili ne yapmamı istiyorsun?"
- "Bunun gelecekte olmasını nasıl önleyebilirim?"
- "Bunun hakkında ne öğrenmemi istiyorsun?"
- "Başkalarına bunun hakkında ne söylememi istiyorsun?"
- "Bu tövbe etmem gereken bir şey mi?"

İşinizde ihtiyaç duyacağınız son şey, sizin veya başkalarının içinde kederli bir Kutsal Ruh'tur.

Kederli bir Kutsal Ruh, sizin veya etrafınızdaki birinin yanlış yolda olduğunun ve bu yolu düzeltmeye ihtiyaç duyduğunun doğrudan bir göstergesidir.

Ruhu Söndürme Eylem Planı

Mevcut iş problemlerinizi, önceliklerinizi ve baskılarınızı düşünün. Kutsal Ruh ile ilgili olarak, son zamanlarda nerede...

O'nu Görmezden Geldim –

O'nu Boğdum –

O'nu Kederlendirdim –

Bu durumlar için dua etmeye 10 dakikanızı ayırın ve Kutsal Ruh'tan bunlar hakkında sizinle konuşmasını isteyin. Ruh'un size ne yapmanızı söylediğini aşağıya yazın. Bu eylem planını hesap verebilirlik konusunda güvendiğiniz birine (örneğin, eş, meslektaş, ruhsal mentor, koç, vb.) verin. Hesap verebilirlik kişinizden bu eylemlerde sizinle birlikte bir tanık aramasını, sizinle birlikte dua etmesini ve bunların uygulanmasından sizi sorumlu tutmasını isteyin.

Eylem 1:

Eylem 2:

Eylem 3:

Eylem 4:

5.5. OLUMSUZ DUYGULARA KAPILMAYIN

Kapılmak (f): etki altında kalarak kanmak

İşinizde Kutsal Ruh'un gücünü serbest bırakmanın beşinci anahtarı, olumsuz duygulara kapılmamaktır.
Bunu yapmak zor olabilir. Neden?

- Pratik yaptınız.
- Son kararı vermeden önce Ruhunuzu kontrol ettiniz.
- Kendi başınıza veya başkalarıyla birlikte güçlü bir tanıklığınız var.
- Yüreğinizde Ruhu söndürmemeye karar verdiniz.

Bu, Şeytan'ın tam saldırı modunda olacağı zamandır. Şeytan, sizi şüphe, belirsizlik ve kaygıyla doldurmak için elinden gelen her şeyi yapacaktır. Tüm silahlarını çıkaracak ve size vahşice saldıracaktır...

- Tüm sayılar birbiriyle uyuşmuyor gibi görünüyor.
- Çoğunluğun görüşü size karşı.
- Siz girerken rakipler kaçıyor.
- Başarı en iyi ihtimalle kasvetli görünüyor.
- Sağduyu bunun aptalca bir hareket olduğunu söylüyor.
- Herkes, "Yapma!" diyor.

Ama içinizde yaşayan, olabilecek en büyük avantaja sahipsiniz. Şu ana kadar, Kutsal Ruh bu kararın işiniz için Rab'bin isteği olduğunu içinizde çoktan doğruladı. Bu kararın Rab'bin olduğunu bildiğinizi biliyorsunuz.

Kutsal Ruh'un gücünü işinizde (ve hayatınızda) görmenin en hızlı, en kolay ve en etkili yolu, İsa suyu şaraba çevirmeden hemen önce Meryem'in hizmetkârlara verdiği talimatları takip etmektir:

> Annesi hizmet edenlere, "Size ne derse onu yapın" dedi. (Yuhanna 2:5)

Sadece yapın—O ne derse onu yapın!

İşte olumsuz duygulara kapılmamanızda size yardımcı olacak üç güçlü yol: Odaklanmaya devam edin, karşılık verin ve kararlı durun.

1. Odaklanmaya Devam Edin

> *Kardeşler, kendimi bunu kazanmış saymıyorum. Ancak şunu yapıyorum: Geride kalan her şeyi unutup ileride olanlara uzanarak, Tanrı'nın Mesih İsa aracılığıyla yaptığı göksel çağrıda öngörülen ödülü kazanmak için hedefe doğru koşuyorum.*
>
> —Filipililer 3:13–14

Birçok iş insanının "Sincap Hastalığı" dediğim bir hastalığı vardır. Tipik bir girişimciyseniz, beyniniz her zaman aktiftir, düşünür ve hayal kurar, başarı için gereken ayrıntılara pek dikkat etmez. Sizin için önemli olan yeni fikir, yeni fırsat, yeni yaklaşım, büyük potansiyel ve önünüzde olan en yeni ve en büyük şeydir.

Sizin etrafınızda olmak, üstü açık bir patlamış mısır kazanı gibidir, işyerinin her yerine dağılan ve gittiğiniz her yerde büyük karışıklıklar yaratan, durmak bilmeyen bir eylem, fikir ve kavram akışıdır.

Ruh tarafından yönlendirilen bir iş danışmanı olarak, liderlerin zayıflıklarını önemsiz hale getirirken güçlü yönlerini en üst düzeye çıkarmak için hedeflerini netleştirmelerine sıklıkla yardımcı olurum (Sincap Hastalığı gibi).

Doğaları gereği, bu harika, enerjik ve zeki erkekler ve kadınlar, Rab'bin yüceliği için iş hayatında başarılı olmayı çaresizce arzularlar. Ancak doğal olarak odaklanmak için programlanmamışlardır, bu yüzden onları sorumlu ve hedefte tutmak hem profesyonel hem de ruhsal bir meydan okumadır.

Onlar için bir meydan okuma olduğunu biliyorum. Bunun onlar için bir meydan okuma olduğunu biliyorlar. Ve düşman da bunun onlar için bir meydan okuma olduğunu biliyor.

Bu yüzden bu zamanda olumsuz duygulara kapılmamak çok kritik, çünkü biliyorsunuz ki bu eylem kararı...

- Kutsal Ruh'un onayıyla Rab'bindir.
- Kutsal Ruh'un sizin yapmanızı istediği şeydir.
- Kutsal Ruh'un sizin ilerlemenizi istediği şeydir.

Zorluk büyük olsa da odaklanmayı sürdürebilirsiniz.

Nuh Tanrı'nın bütün buyruklarını yerine getirdi. (Yaratılış 6:22)

Nuh'tan İncil'de ilk kez bahsedildiğinde 500 yaşında olduğunu (Yaratılış 5:32) ve gemiye bindiğinde 600 yaşında olduğunu (Yaratılış 7:6) biliyoruz. Yani bu yüzen şehrin inşası ailesinin yaklaşık 100 yıl veya daha fazla zamanını almış olabilir.

Düşünün...

- Rab'bin işinde çalışırken toplumdan 100 yılı aşkın süredir her gün gelen hakaret ve alay.
- Geceler, haftalar, aylar ve belki de yıllarca süren hayal kırıklığı, yorgunluk ve bedeninize, zihninize ve ruhunuza yönelik ruhsal saldırılar.
- Düzinelerce inanmayan insanın sizi ödev ve görevinizden amansızca uzaklaştırmaya çalışması.
- 100 yılı aşkın bir süre boyunca tek ve yalnızca tek bir hedefe odaklanmak.

Tıpkı Nuh gibi, bir kez karar verdiğinizde, odaklanmaya devam etmelisiniz. Evet, bu yapılabilir bir şey ve siz de yapabilirsiniz.

2. Karşılık Verin

Tanrı'nın sözü diri ve etkilidir, iki ağızlı kılıçtan daha keskindir. Canla ruhu, ilikle eklemleri birbirinden ayıracak kadar derinlere işler; yüreğin düşüncelerini, amaçlarını yargılar.

—İbraniler 4:12

Ruh sizi başarıya götürür. Düşman sizin başarısız olmanızı ister.

Düşmanın ateşli oklarını söndürmenin en iyi yollarından biri ona karşılık vermektir! Kyle Winkler, *Silence Satan* kitabında şöyle yazıyor,

> İnanıyorum ki, Tanrı'nın Sözü Mesih inancına sahip olanların ağzından söylendiğinde, Tanrı'nın kendisi söylemiş gibi aynı gücü taşır. Sözler Tanrı'nın otoritesini korumalıdır, aksi takdirde hiçbir şey başaramaz. Sonuçta bunlar bizim değil, O'nun sözleridir.[1]

Winkler, Tanrı'nın Sözü'nü doğrudan düşmana söylemenin üç önemli faydası olduğunu ileri sürüyor. Birincisi, Kutsal Yazıları tekrarlamak zihni yeniler. Konuşulan söz güçlüdür ve "evrene hayat veren aynı güç size de yeni hayat verecektir."[2]

İkincisi, düşmanı kaçmaya zorlar. Winkler şöyle yazar: "Babanın gerçeği orada olduğunda yalanların babasının hiçbir gücü yoktur."[3]

Üçüncüsü, Kutsal Yazıları tekrar etmek Şeytan'ı susturur. Ona "Geri çekil şeytan! Tanrı'nın gerçeğiyle silahlandım," diye bağırır.[4]

(Kyle'ın Apple ve Android Uygulama mağazalarında bulunan muhteşem ve ücretsiz uygulaması Shut Up Devil!'ı indirmenizi öneririm.)

3. Kararlı Durun

"Şimdi de Ruh'a boyun eğerek Yeruşalim'e gidiyorum. Orada başıma neler geleceğini bilmiyorum. 23 Ancak Kutsal Ruh, beni zincirler ve sıkıntıların beklediğine dair her kentte beni uyarıyor. 24 Canımı hiç önemsemiyorum, ona değer vermiyorum. Yeter ki yarışı bitireyim ve Rab İsa'dan aldığım görevi, Tanrı'nın lütfunu bildiren Müjde'ye tanıklık etme görevini tamamlayayım.

—Elçilerin İşleri 20:22–25

Gelecek kasvetli görünüyordu. Pavlus, tutuklanması, Roma'ya son yolculuğu ve en sonunda ölümü olacak süreç için Kudüs'e geri dönüyordu. Pavlus'un meslektaşlarının çoğu onu Kudüs'e gitmemesi konusunda uyardı. Peygamber Agabus, Pavlus'un kemerini tuttu ve kehanet etti,

> Yahudiler, bu kuşağın sahibini Yeruşalim'de böyle bağlayıp öteki uluslara teslim edecekler. (Elçilerin İşleri 21:11)

Ancak Pavlus yılmadı. Ne yapması gerektiği, Rab'bin onu ne yapmaya çağırdığı onun için açıktı. Ve hiç kimse ne söylese veya ne yapsa onu bu yolculuktan alıkoyamazdı.

Ölümüne kadar kararlı durdu.

İş hayatında İsa için dışarıya yansıttığınız duruş, ölüme kadar zulüm getirebilir. Yine de öyle olsa bile, Rab sizi bunu yapmaya çağırdı. Hiç şüphesiz bunu yapmak sizin elinizde.

Şimdi kararlı durmanın, O'nun huzurunda dinlenmenin (Filipililer 4:6–7) ve melek ordularınızın sizi koruduğunu (İbraniler 1:14), Sözün kalbinizde ve ağzınızda olduğunu (1 Korintliler 2:4–5) ve zaferin nihayetinde Rab'bin olduğunu (1 Yuhanna 5:4) bilmenin zamanıdır.

Eğer karar...

- Küçükse — kararlı durun!
- Büyükse — kararlı durun!
- Dünyanın gözünde riskliyse — kararlı durun!
- Tamamen kişisel tanıklığınıza dayanıyorsa — kararlı durun!

Tıpkı Pavlus'un yaptığı gibi.

Bir Şey Daha

Daha önce Bölüm 4.5 "Silahınızı Kuşanın"da bahsettiğim gibi, Tanrı'nın tam zırhını ne kadar erken giyerseniz, nihai düşmanın saldırılarına o kadar hazırlıklı olursunuz.

Sizleri her zaman bir şeyi daha hatırlamaya teşvik ediyorum: Tanrı'nın tam zırhını giydiğinizde kararlı durun (Efesliler 6:10–20). Pavlus bu ayetlerde üç kez "dur" demiştir, böylece düşmanın önümüze çıkardığı hileleri engellemeye ve yok etmeye hazır oluruz.

Tam zırhla kaplı bir şekilde sağlam durduğunuzda, sarsılmayacaksınız!

Olumsuz Duygulara Kapılmayın Eylem Planı

Bu eylem planını tamamlamak için şimdi zaman ayırın. Elinizin altında bulundurun.

1. Odaklanmaya Devam Edin – En önemli iş hedeflerinize ulaşmanızı engelleyen 3-5 şeyi listeleyin.

Dikkat Dağıtıcı 1:

Dikkat Dağıtıcı 2:

Dikkat Dağıtıcı 3:

Dikkat Dağıtıcı 4:

Dikkat Dağıtıcı 5:

2. Karşılık Verin – Şimdi ezberlemeniz gereken 3-5 İncil ayetini yazın ve odaklanmanıza yardımcı olması için bunları tekrarlayın. Örneğin, *Karşılık Verin* ayetlerimden biri 1 Korintliler 2:16b'dir ve şöyle der: "Oysa biz Mesih'in düşüncesine sahibiz."

Ayet 1:

Ayet 2:

Ayet 3:

Ayet 4:

Ayet 5:

3. Kararlı Durun – Kendi sözcüklerinizle, dileyebileceğiniz ve gerektiğinde dile getirebileceğiniz 3-5 kişiselleştirilmiş "Kararlı Dur" ifadesi yaratın. Örneğin, *Kararlı Durun* ifadelerimden biri basitçe Pavlus'un bağırdığı gibidir: "Olumsuz duygulara kapılmayacağım!" Bir diğeri ise "Bana güç veren Mesih aracılığıyla her şeyi yapabilirim!"

İfade 1:

İfade 2:

İfade 3:

İfade 4:

İfade 5:

4. Bir Şey Daha

> *Bu nedenle, kötü günde dayanabilmek, gerekli her şeyi yaptıktan sonra yerinizde durabilmek için Tanrı'nın bütün silahlarını kuşanın. Böylece, belinizi gerçekle kuşatmış, göğsünüze doğruluk zırhını takmış ve ayaklarınıza esenlik Müjdesi'ni yayma hazırlığını giymiş olarak yerinizde durun. Bunların hepsine ek olarak, Şeytan'ın[a] bütün ateşli oklarını söndürebileceğiniz iman kalkanını alın. Kurtuluş miğferini ve Ruh'un kılıcını, yani Tanrı sözünü alın.*
>
> —Efesliler 6:13–17

Tanrı'nın zırhının altı parçasını aşağıya yazın. İşe giderken bunları yüksek sesle söylemeyi kalbinizde amaçlayın, böylece tam olarak zırhınızı kuşanmış ve önünüzdeki iş savaşlarına hazır olursunuz. Bunu yaparken, düşmanı işiniz içinde hiçbir yeri veya gücü olmadığı konusunda uyarın.

Tam Zırh

1.

2.

3.

4.

5.

6.

5.6 Cesur Dualar Edin

Cesur (sıf): tehlikeden veya zor durumlardan korkmayan; kaba veya aptalca görünebilecek bir şekilde çok kendine güvenen; korkusuz ve cesur bir ruh gösteren veya gerektiren

İşinizde Kutsal Ruh'un gücünü serbest bırakmanın altıncı anahtarı cesur dualar etmektir.

Yeşu, Tanrı'nın ona savaşmasını söylediği her orduyu yenerek savaş üstüne savaş kazanıyordu. Bir keresinde Tanrı ona bütün gece yürümesini ve güçlerini birleştiren beş krala karşı savaşmaya hazırlanmasını söyledi. Ancak günün sonunda savaş bitmemişti. Bu yüzden Yeşu, savaşı tam bir zaferle bitirmeyi çaresizce arzulayarak dua etti.

Rab'bin Amorlular'ı İsrailliler'in karşısında bozguna uğrattığı gün Yeşu halkın önünde Rab'be şöyle seslendi: "Dur, ey güneş, Givon üzerinde. Ve ay, sen de Ayalon Vadisi'nde." Halk, düşmanlarından öcünü alıncaya dek güneş durdu, ay da yerinde kaldı. Bu olay Yaşar Kitabı'nda da yazılıdır. Güneş, yaklaşık bir gün boyunca göğün ortasında durdu, batmakta gecikti. (Yeşu 10:12–13 ESV)

Yeşu'nun ordusu, Tanrı'nın güçlü bir cesaret duasına verdiği yanıtla düşmanlarını yendi.

Yıllar içinde, eşim, oğlum, ailem, arkadaşlarım, pastörüm ve kilisem için cesur dualar etmek benim için çok daha kolay oldu. Ancak işim için bunu yapmak rahatsız ediciydi.

Şirketim için her zaman dua ettim. Daha fazla sözleşme, daha iyi ücret ödeyen müşteriler, yoldan çıkmış bir çalışanın dönüşümü veya hatta Rab'bin bana ve şirketime karşı açılan saçma bir davanın hakim tarafından reddedilmesine yardım etmesi için dua etmek kolaydır. Hangimiz yarattığımız büyük bir karmaşadan (muhtemelen en başından beri Ruh tarafından yönlendirilmediğimiz için) kurtulmak için dua etmedi ki?

İşletmelerimiz için basit, temel duaların önemini küçümsemiyorum. Rab, tüm çocuklarının dualarını duyar.

Sizden yapmanızı istediğim şey, dualarınızı çok daha yüksek bir vitese geçirmenizdir, Tanrı'nın doğaüstü lütfunu işinizde serbest bırakmaya başlayan bir vitese!

> Ve şimdi ya Rab, onların savurduğu tehditlere bak! Senin sözünü tam bir yüreklilikle duyurmak için biz kullarına güç ver. Kutsal Kulun İsa'nın adıyla hastaları iyileştirmek için, belirtiler ve harikalar yapmak için elini uzat." Duaları bitince toplandıkları yer sarsıldı. Hepsi Kutsal Ruh'la doldular ve Tanrı'nın sözünü cesaretle duyurmaya devam ettiler. (Elçilerin İşleri 4:29–31)

Bu, Pentekost'tan sadece birkaç gün sonra ve dini liderler tarafından durdurulup vazgeçilmesiyle tehdit edildikten dakikalar sonra yeni kilise havarilerinin kaydedilmiş ilk duasıdır!

Ciddi sınavlarla, dayaklarla ve hatta ölümle karşı karşıya kalan ilk havariler, kolayca güvenli, mütevazı, sadece 'bu durumu atlatmamıza yardım et' duaları edebilir ve sonra sessizce işlerine devam edebilirlerdi. *Kesinlikle kimseyi gücendirmek, üzmek veya bir karışıklığa neden olmak istemiyoruz.*

Daha güvenli, daha kolay bir yol seçebilirlerdi, ancak başka bir yol seçtiler. Dualarını daha yüksek, daha Ruh dolu bir vitese almayı seçtiler.

Cesaretle tahtın önüne çıkıp daha fazlasını istemeyi seçtiler!

Daha fazla güç. Daha fazla işaret ve harikalar. Daha fazla CESARET!

Evleri sarsıldı. Güvenleri sarsıldı. İnançları arttı.

Ve bugün bile, bu cesur duanın sonuçlarını görmeye devam ediyoruz: Kilise'nin dünya çapında doğaüstü büyümesi ve ebedi etkisi! Yakın zamanda, güvenli, normal ve beklenen duaların ötesinde, işim için daha derin, dinamik ve cesur duaların daha yüksek bir seviyesine doğru evrilmeye başladım. İkisi arasında çok büyük bir fark vardı.

Peki, bu değişim nasıl duyulabilir? İşte üç örnek.

> **Güvenli:** "Tanrım, bu ay maaş bordrolarını ödememe yardım et."
> **Cesur:** "Tanrım, hizmet eden meleklerini serbest bırak ve maaş bordrolarının ödemesini karşılamak ve İsa adına bu işe yeni bir büyüme ivmesi kazandırmak için geri yatırım yapmakta ihtiyacım olan 100.000$'ı bana getir!"
>
> **Güvenli:** "Tanrım, bu yıl satışlarımızı %20 nasıl artıracağımızı göster."
> **Cesur:** "Tanrım, İsa adına işimizde iki kat (veya beş kat veya on kat) artışla beni kutsa!"

Güvenli: "Tanrım, çalışanım Tony'nin evliliğini onarmasına yardım et."

Cesur: "Tanrım, Tony ve eşinin kalplerine doğaüstü bir şekilde girip evliliklerini İsa adına güçlü ve kalıcı bir şekilde iyileştirdiğin için Sana teşekkür ediyorum!"

Şimdi geri dönün ve cesur dualar okuyun ve kendinize şu soruyu sorun:

- İşiniz için hangi duaları etmeyi tercih edersiniz?
- Çalışanlarınızın işiniz için hangi duaları etmelerini tercih edersiniz?
- Tanrı'nın hangi duaları onurlandırmaya daha müsait olduğunu düşünüyorsunuz?

Daha cesur dualar etmek için yapmanız gereken üç şey şunlardır: *dileyin, inanın* ve *bekleyin*.

1: Dileyin

Yabes, İsrail'in Tanrısı'na, "Ne olur, beni kutsa, sınırlarımı genişlet!" diye yakardı, "Elin üzerimde olsun, beni kötülükten koru. Öyle ki, acı çekmeyeyim." Tanrı onun yakarışını duydu.

—1 Tarihler 4:10

Nimet. Toprak. Güç. Koruma.

Bunlar, erdemli adam Yabes'in Tanrı'dan dilediği dört şeydir. Çok sayıda insan için bu dua bencil görünebilir. %2'liler (Ruh tarafından yönlendirilen iş insanları) için ise bu, daha cesur iş dualarımız için bir model haline gelmelidir.

En çok satan kitabı *The Prayer of Jabez*'de Bruce Wilkinson şöyle yazıyor:

> İşinizi Tanrı'nın istediği gibi yapıyorsanız, daha fazlasını dilemek sadece doğru olmakla kalmaz, aynı zamanda O sizden bunu dilemenizi bekler. İşiniz, Tanrı'nın size emanet ettiği şeydir. O, bunu kişisel hayatlara, iş camiasına ve daha geniş anlamda dünyaya O'nun yüceliği adına dokunmak için önemli bir fırsat olarak kabul etmenizi ister. O'ndan bu fırsatı büyütmesini dilemek, O'na yalnızca zevk verir.[5]

Düşünün—Tanrı sizden daha fazlasını dilemenizi bekliyor!

Daha önce hiç çocuğunuzun sizden onu parka götürmenizi, futbol topuna nasıl vuracağını, bisiklete nasıl bineceğini, nasıl motosiklet veya araba kullanacağını veya hatta o güzel kız arkadaşına nasıl evlenme teklifi edeceğini öğretmenizi sizden istemesini beklediniz mi?

Genellikle, içimizdeki tepki "Sonunda!" olur. Ona istediklerini vermek hep sizin arzunuz olmuştu, ancak en iyi şeyin onlar isteyene kadar beklemek olduğunu biliyordunuz.

Tanrı tam olarak bunu yapar. Dr. Wilkinson'ın dediği gibi, "İşiniz Tanrı'nın size emanet ettiği şeydir." Bu yüzden çalışmalarınızı çabalarınızı büyük bir şekilde kutsamaya hazır ve istekli olması çok doğaldır.

Tanrı sizden büyük ama çok büyük bir şekilde dilemenizi bekliyor. Cesaretli olun!

2: Bekleyin

Tanrı onun yakarışını duydu.

—1 Tarihler 4:10b

ELİMİZDEKİ BÜYÜK AVANTAJ

Bunu görebildiniz mi? Tanrı, Yabes'in dileğine nasıl cevap verdi? Bu ayeti uzun, uzun yıllar atlamıştım. Şimdi kendime sık sık bunun, Tanrı'nın kendim ve işimin büyümesi için ettiğim doğru, cesur dualara nasıl cevap verdiğini hatırlatıyorum.

%2'liler olarak, Yabes'in abartılı cesaretine odaklanma eğilimindeyiz; doğrudan Tanrı'dan daha fazla iş, daha büyük topraklar, daha güçlü bir çit ve düşmanın potansiyel saldırılarından kurtulma istemek, ancak Tanrı'nın cevabının önemini kaçırıyoruz.

Tanrı, Yabes'e dilediği şeyi verdi! Kendi sözlerimle, Tanrı "Elbette... işte istediklerin. Sonunda Bana sorduğun için mutluyum!" şeklinde cevap verdi.

İsa ve Yakup bize aynı şeyi öğretti:

> "Dileyin, size verilecek; arayın, bulacaksınız; kapıyı çalın, size açılacaktır. Çünkü her dileyen alır, arayan bulur, kapı çalana açılır.. (Matta 7:7–8)

> Elde edemiyorsunuz, çünkü Tanrı'dan dilemiyorsunuz. (Yakup 4:2b)

Gelecekteki kitaplarda ve video öğretilerinde bu konuda daha fazla bilgi vereceğim. Şimdilik, Yabes'in onurlu, dürüst bir adam olarak tanımlandığını bilmeniz yeterli. Bu, onu Tanrı'nın doğaüstü bereketine ve lütfuna hak kazandıran şeydir.

%2'lilerden biri olarak, Mesih'in doğruluğunu miras aldınız (1 Korintliler 1:30). Tanrı'nın gözünde, siz de Yabes kadar dürüstsünüz. Bu nedenle, cesur dualarınıza yanıt olarak işiniz için doğaüstü sonuçlar bekleyebilirsiniz.

Sadece dilemek yeterli değildir. Beklemelisiniz de!

3: İnanın

RAB'den zevk al, O senin yüreğinin dileklerini yerine getirecektir. Her şeyi Rab'be bırak, O'na güven, O gerekeni yapar.

—Mezmurlar 37:4–5

Dilemek için yeterince cesur olmalısınız.

Dilediğiniz şeyin olmasını beklemek için yeterince cesur olmalısınız.

Son olarak, dualarınızın cevaplanmaya değer olduğuna inanacak kadar da cesur olmalısınız.

Her birimizin, yani %2'lilerin, İsa için işlerimizi dönüştürme zamanımızın geldiğine inanmasının zamanı geldi.

Sınırlarımızı genişletme zamanı geldi!

Doğaüstü büyümeye tanıklık etme zamanı geldi!

Dualarımızı çok daha yüksek bir cesaret seviyesine kaydırma zamanı geldi!

> İsa onlara bakarak, "İnsanlar için bu imkânsız, ama Tanrı için her şey mümkündür" dedi. (Matta 19:26)

Zaman şimdi.

Bir İkaz

Dualarımın asla kabul olmadığı tek zaman golf sahasıdır.

—Billy Graham

Ben de golf oynamayı severim. Evangelist Billy Graham da öyle. Bu yüzden eğlenmek için, dünyanın dört bir yanındaki golfçü arkadaşlarıma bu cesur golf duasıyla yardım edeyim:

Tanrım, tüm vuruşlarım fairway'e düşsün, tüm ilk vuruşlarım kupaya düşsün ve tüm hatalı vuruşlarım İsa gibi doğaüstü bir şekilde suyun üzerinde yürüsün! Amin!

Cesur Dualar Edin Eylem Planı

Kutsal Ruh'un işiniz için daha cesurca dua etmenizi istediğini hissettiğiniz üç alanı aşağıya yazın. Güvenli duanızın ne olabileceğini not alın. Sonra, Kutsal Ruh ile vakit geçirdikten sonra, O'nun sizden ne dua etmenizi istediğini yazın.

Odak 1: _____

Güvenli:

Cesur:

Odak 2: _____

Güvenli:

Cesur:

Odak 3: _____

Güvenli:

Cesur:

ELINIZDEKI BÜYÜK AVANTAJI KULLANIN

Bu çalışma alanı SADECE golfçü arkadaşlarıma ayrılmıştır!

Golf Odağı: _____

Güvenli:

Cesur:

Grup Tartışması

"Paratik yapın" kararlarınızı paylaşın. Ne öğrendiniz? Önümüzdeki hafta bunu başka nerede uygulayabilirsiniz?

"Eyleme Geçmeden Önce Kontrolünüzü Yapın" kararlarınızı paylaşın. Ne öğrendiniz?

"Bir Tanık Arayın" eylem planlarınızı tartışın. Yaşadığınız zorluklar nelerdi? İnsanlar nasıl tepki verdi? Bir tanık aramak konusunda sizi ne şaşırttı veya memnun etti?

Kutsal Ruh'u söndürmüş olabileceğiniz yakın tarihli bir iş durumunu paylaşın. Bunu o anda fark ettiniz mi? Gelecekte bunu nasıl bileceksiniz?

"Olumsuz Duygulara Kapılmayın" eylem planlarınızdan birini tartışın. Bu iş insanları için neden bu kadar zor olabilir?

Şu anda işiniz için ettiğiniz 2-3 cesur dua nedir? Bunları tekrarlarken ne hissediyorsunuz? Bunları tekrarlarken ne gibi bir tereddüt yaşayabilirsiniz ve bunun üstesinden nasıl gelebilirsiniz?

¹ Kyle Winkler, *Silence Satan: Shutting Down the Enemy's Attacks, Threats, Lies, and Accusations* (Lake Mary, FL: Passio, 2014), 161.

² Ibid., 162.

³ Ibid., 163.

⁴ Ibid., 165.

⁵ Dr. Bruce H. Wilkinson, *The Prayer of Jabez: Breaking Through to the Blessed Life* (Sisters, OR: Multnomah Publishers, 2000), 31–32.

6

DEVAM EDİN

İyilik yapmaktan usanmayalım. Gevşemezsek mevsiminde biçeriz.

—Galatyalılar 6:9

BİR ŞEYE BAŞLAMAK KOLAYDIR. DEVAM ETTİRMEK ise... işte zor olan budur.

Bu bölüm, iş dünyasında elinizdeki büyük avantajı ortaya çıkarmaya başladığınızda ivmenizi korumanıza yardımcı olacak beş noktaya değinmektedir.

6.1. Faydaları Hatırlayın

fayda (i): iyi veya yararlı bir sonuç veya etki; bir nezaket eylemi; refahı teşvik eden bir şey

Birkaç yıl önce sağ omzuma "osteoartrit akromioklaviküler eklem ve küçük eklem efüzyonu ile tendinoz" teşhisi kondu. Önemli nokta: sağ omzum çok ağrıyordu! Ağrı o kadar şiddetliydi ki arka pantolon cebimdeki mendile uzanamıyordum. Geceleri uykuya dalmaya çalışırken sağ üst koluma bir çivi saplanıyormuş gibi hissettim. Hiçbir zaman sağ kolumu omzumun üstüne uzatamadım.

Florida, Gulf Breeze'deki dünyaca ünlü Andrews Kliniği'ndeki ortopedi cerrahı bana rehabilitasyon ve egzersiz rutinine başlamamı söylediğinde, faydalarına ikna olmam çok kolay oldu. Yürüyen bir ağrı bombasıydım, bu yüzden her şey devam eden acımdan daha iyiydi.

İki haftalık hafif fizik tedaviyi kolayca atlattım ve ardından eski bir üniversite futbol koçu ve yakın arkadaşım John Saxon tarafından denetlenen agresif, evde, güç oluşturma rutinine başladım. Hızlı ve çarpıcı bir iyileşme gördüm, üst vücut gücü kazandım ve ağrıyı önemli ölçüde azalttım.

Haftada beş gün antrenman yapma rutinine girdiğimde, faydaları çok barizdi. Hayatımda ilk kez, pazı ve trisepslerimde "çıkıntılar" (kaslar) oluştuğunu görebiliyordum. Her zaman zayıf bir adam olduğum için, şimdi 60 yaşın üzerindeydim ve sadece bir miktar gerçek kas kazanıyordum.

Pratik yapmanın veya antrenmanın faydalarını hatırlıyor muyum? Kolaylıkla. Sadece haftalık hedef ve ölçüm sayfalarımdaki kayıtlara ve hızlandırılmış egzersizlere bakmam yeterli. Defter, egzersizlerimin faydalarıyla dolu. Bunun ötesinde, şimdi kendimi çok daha güçlü, daha enerjik, daha odaklanmış ve daha özgüvenli hissediyorum. Antrenmanın bariz faydalarını hatırlayarak ve hissederek, devam ediyor ve gelişiyorum.

Aynı şey, büyük rekabet avantajınızı serbest bırakmak için de geçerlidir.

Unutmak Kolaydır

> *Atalarımız Mısır'dayken yaptığın harikaları anlamadı, çok kez gösterdiğin sevgiyi anımsamadı, denizde, Kamış Denizi'nde başkaldırdılar.*
>
> —Mezmurlar 106:7

DEVAM EDIN

İşinizde başınıza gelen tüm kötü şeyleri hatırlamak, iyi şeyleri hatırlamaktan çok daha kolaydır. Günlük iş hayatınız, sizi yalnızca bugünün sorunlarına odaklanmaya zorlayan sıkıntılarla birlikte, rutinler, ritüeller ve bitmeyen zorluklarla dolu olabilir.

Doğal olarak, zaferlerden ve başarılardan daha ziyade başarısızlıkları ve zorlukları hatırlama eğilimindeyiz. Bu doğal başarısızlıkları kimin hatırladığını hiç merak ettiniz mi? Kutsal Ruh değil... bu kesin!

Bir numaralı iş düşmanımız, bu dünyanın prensi olan Şeytan'dır (Efesliler 2:2) ve her şeyden önce, işinizde bile iyi olan her şeyi öldürmek, çalmak ve yok etmek ister (Yuhanna 10:10). Özellikle sizin gibi doğaüstü güçlere sahip, Ruh'la dolu profesyonelleri hedef alır. Kutsal Ruh'un işlerimizin içinde hareket ettiği kutsanmış zamanları bu kadar kolay unutmamız şaşırtıcı değil.

Ben de sizin gibi bununla mücadele ediyorum. Durup düşünmek ve Rab'bin Kutsal Ruh aracılığıyla iş hayatında beni yönlendirdiği birçok ilahi, iyi ve kutsal yolu hatırlamak için odaklanmış bir çaba sarf etmem gerektiğini öğrendim.

Hızlıca... Kutsal Ruh'un işinizi veya kariyerinizi etkilediğini hatırladığınız bir zamanı yazın:

10 yıl önce mi?

5 yıl önce mi?

Geçen yıl mı?

Bu yıl mı?

Geçen hafta mı?

Dün mü?

Bunu yapmak olması gerekenden daha zordur. Neden? Çoğu zaman zaferlerden çok zorlukları hatırlarız. Kutsal Ruh bize sağlam bir zihin verse de (2 Timoteos 1:7), Rab'bin Ruhu aracılığıyla işimizde bize ne kadar sık rehberlik ettiğini, bizi koruduğunu ve refaha kavuşturduğunu unutmak hâlâ çok kolaydır.

İşte Ruh tarafından yönlendirilen bu yeni ivmenizi sürdürmenin basit ama güçlü bir yolu.

En Önemli On Fayda Listeniz

> *Bunları size şimdiden bildiriyorum. Öyle ki, saati gelince bunları size söylediğimi hatırlayasınız.*
>
> —Yuhanna 16:4

10 dakikalık bir mola verin. Kutsal Ruh'tan, O'nu işinizde serbest bırakmanın 10 faydasını listelemenize yardımcı olmasını dileyin. Listeniz muhtemelen herkesinkinden farklı olacaktır. Kutsal Ruh, size özel durumda, size özel yetenekleriniz le, benzersiz şirketinizdeki benzersiz rolünüz hakkında sizinle konuşacaktır. İncil ayetlerinden, cesaretlendirici sözlere, eylemlere, ölçülebilir getirilere ve çok daha fazlasına kadar her şeyi içerebilir.

Kutsal Ruh'u işimde serbest bırakmanın En Önemli On Faydası şunları içerir...

1.

2.

3.

4.

5.

6.

7.

8.

9.

10.

Güzel. Şimdi bu listeyi hatırlamanız gerekiyor.

30 Günlük Fayda Meydan Okuması

RAB'bin işlerini anacağım, evet, geçmişteki harikalarını anacağım.

—Mezmurlar 77:11

Bu listeyi önümüzdeki 30 gün boyunca elinizin altında bulundurun. Günde en az iki kez göz atın.

Telefonunuzda bir hatırlatma listesi yapın. Her maddeyi bir not kartına yazın. Kartı sık sık göreceğiniz bir yere asın.

Bu listeyi okuyarak ve üzerinde düşünerek, işinizde maksimum etki için Kutsal Ruh'un gücünü daha hızlı serbest bırakmanız gerektiğini hatırlatır ve kendinize motivasyon sağlarsınız. Neden mi? Çünkü O bunu geçmişte sizin için zaten yapmıştı.

Faydaların Gücü

Ancak bu serveti toplama yeteneğini size verenin Tanrınız Rab olduğunu anımsayın. Atalarınıza ant içerek yaptığı antlaşmayı sürdürmek amacıyla bugün de bunu yapıyor.

—Tesniye 8:18

Rab size işinizi geliştirmeniz için güç verir. Faydalar listeniz, O'nun Ruhu'nun düşmanlarınızı yenmek, dağlarınızı yerinden oynatmak için sizin aracılığınızla çalıştığının sürekli bir hatırlatıcısı olarak hizmet edecektir. Tanrı'nın tüm ihtişamı hak ettiğini size hatırlatacaktır.

6.2. KAYIT TUTUN

Sayın Teofilos, birçok kişi aramızda olup bitenlerin tarihçesini yazmaya girişti. Nitekim başlangıçtan beri bu olayların görgü tanığı ve Tanrı sözünün hizmetkârı olanlar bunları bize ilettiler. Ben de bütün bu olayları ta başından özenle araştırmış biri olarak bunları sana sırasıyla yazmayı uygun gördüm. Öyle ki, sana verilen bilgilerin doğruluğunu bilesin.

—Luka 1:3-4

Önceki bölüm olan "Faydaları Hatırlayın"da, Kutsal Ruh'un geçmişte işinizde sizi nasıl etkilediğini kendinize hatırlatmak için geçmişe baktınız.

"Kayıt Tutun" geleceğe odaklıdır. İşte Kutsal Ruh'u işimin her yerinde serbest bırakmanın faydalarının kaydını tutmaya böyle başladığım.

Üçlü Günlük Sistemim

Kayıt sistemim üç adet 12x20cm çizgili deri kağıt günlük içeriyor: bir iş günlüğü, bir manevi günlük ve bir vaaz notları günlüğü.

Kahverengi iş günlüğümde genel iş notları için açık bir alan ve müşterilerim, kitap ve blog fikirlerim ve işletme etkisi kayıtları için bölümler bulunuyor.

Siyah günlüğüm, Kutsal Ruh'tan günlük içgörülerimi, İncil çalışma notlarını ve kilisemden vaaz notlarını kaydettiğim kişisel manevi gelişim günlüğümdür.

Üçüncü günlüğüm de siyah ve yalnızca hayran olduğum ve öğrendiğim harika İncil öğretmenlerinin ve papazların vaaz podcast'lerini dinlerken aldığım notlara adanmıştır. Bu notlar bana Kutsal Ruh'un başkalarının hizmetleri aracılığıyla bana öğrettiği şeylerin yeni bir listesini sağlar.

Bu sistem benim için işe yarıyor. Çalışırken kahverengi iş günlüğümü hazır bulunduruyorum. Kilise ayinlerine katıldığımda kişisel manevi günlüğümü yanımda götürüyorum. Podcast'leri dinlediğimde veya televizyonda veya internette vaazlar izlediğimde vaaz günlüğüne notlar alıyorum. Her hafta, bu günlükleri gözden geçiriyorum, sarı renkle önemli vahiyleri, peygamberin sözlerini, içgörüleri, fikirleri ve Kutsal Ruh'un hatırlamamı istediği her şeyi vurguluyorum.

En sevdiğim zamanlardan biri bu günlükleri çıkarmak ve sadece sarı vurguları okumak. Benim için sistemimin gerçek gücü bu. Kutsal Ruh'un hayatımın birçok alanında beni nasıl yönlendirdiğine dair düzenli bir özet. Ayrıca bu yolculuğa devam etmenin faydalarını hatırlamama da yardımcı oluyor.

Sonuç olarak, tüm bu günlükler ve notlar, işim aracılığıyla Kutsal Ruh'un daha yüksek seviyelerdeki etkilerine doğru beni eğitmeye ve teşvik etmeye yardımcı oluyor.

Vaaz notları çoğu zaman Rab'bin beni insanlarla paylaşmaya yönlendirdiği bir iş konseptine uyuyor.

Dua zamanımdan ve ibadetlerimden edindiğim vahiyler ruhumu daha yüksek bir bağlantı ve içgörü seviyesine taşıyor.

İş günlüğü, ruhumu O'nun Ruhu ile uyumlu hale getirmeme ve O'nun benim gitmemi istediği yere gitmeme yardımcı oluyor.

Bu üç günlük sistemi sizin için fazla gelebilir, ancak benim için işe yarıyor.

İşte Harika Bir Fikir

Sizin için en iyi kayıt tutma sisteminin hangisi olduğunu neden Kutsal Ruh'a sormuyorsunuz? (Anahtar #1: Pratik Yapmak!) O zaten bu sorunun cevabını biliyor!

Ne olursa olsun, hemen başlayın. Zamanla, sizin için iyi çalışan, sürdürülebilir ve sizi yoldan ayrılmamaya teşvik eden bir sistemi geliştireceksiniz.

İşte mesele bu. Başlayın ve durmayın!

Bunu yaparken, geriye dönüp Kutsal Ruh'un iş girişimlerinizi, çalışanlarınızı, müşterilerinizi ve daha fazlasını kaç kez etkilediğini göreceksiniz.

Sonra, devam, devam ve devam edeceksiniz ve...

6.3. RUHSAL OLAN HER ŞEY TANRI'DAN DEĞİLDİR

Bu tür adamlar sahte elçiler, düzenbaz işçiler, kendilerine Mesih'in elçisi süsü verenlerdir. Buna şaşmamalı. Şeytan da kendisine ışık meleği süsü verir.

—2 Korintliler 11:13–14

Kutsal Ruh beni şu uyarı notunu eklemeye yönlendirdi: Ruhsal olan her şey Tanrı'dan değildir.

Düşmanımız yalanların babasıdır ve onda hiçbir gerçek yoktur (Yuhanna 8:44-45). İş hayatında Kutsal Ruh'un gücünü serbest bırakmaya kendinizi adadığınızda, Şeytan sizi durdurmak, geciktirmek, cesaretinizi kırmak ve hatta yok etmek için elinden gelen her şeyi yapacaktır.

Düşmanı uzak tutmanın üç yolu şunlardır.

1. Gerçeği Çalışın

Amerika'da, finans uzmanlarına sahte bir banknotu nasıl belirleyecekleri, sahte banknotları inceleyerek DEĞİL, GERÇEK para banknotlarını kapsamlı bir şekilde inceleyerek öğretilir. Neden sadece gerçek banknotları incelesinler ki? Böylece, bildikleri gerçekten (gerçek banknot) herhangi bir sapma gördüklerinde, sahteyi (sahte banknot) hemen tespit edebilirler ve aldatmaca sona erer.

Tanrı'nın Sözünü inceleyin. Onun gerçeğini ne kadar iyi bilirseniz, düşmanın işinizle ilgili yalanlarını ve aldatmacalarını ayırt etmek o kadar kolay olacaktır.

2. Sadece Doğaüstü Olana Odaklanmayın

İş hayatında veya özel hayatımızda Tanrı'nın doğaüstü gücünü iş başında görmek bizi heyecanlandırır. Gerçekten de, Kutsal Ruh sıklıkla doğaüstü yollarla hareket eder. Yine de sizi sadece Kutsal Ruh'un iş başındaki doğaüstü tezahürüne odaklanmamanız konusunda uyarıyorum.

Kutsal Ruh, işyerinizde doğaüstü yollarla kendini gösterebilir mi? İşaretler ve harikalar? Şifalar? Doğaüstü mali lütuflar? Elbette bunları yapabilir.

Ancak işimdeki deneyimime göre, Kutsal Ruh işyerinde daha incelikli ruhsal yollarla çalışır. Örneğin, yufka yürekli insanlar, daha az kişilerarası gerginlik, daha iyi takım çalışması, daha fazla lütuf, sevgi ve nezaket, daha mutlu çalışanlar ve hatta ofiste daha fazla gülümseme görürsünüz.

Kutsal Ruh'un gücünü öğrenirken sadece *doğaüstü* olanı (örneğin, fiziksel şifa, düşman baskısından ruhsal kurtuluş vb.) aramaya kapılmak kolaydır.

Bir papazın dediği gibi, "Doğaüstü olanı ararken ruhsal olanı göz ardı etmeyin." Gözlerinizi, kulaklarınızı ve kalbinizi Kutsal Ruh'un en ince hareketlerine bile açık tutun, çünkü bunların gerçekleşme olasılığı fark ettiğimizden çok daha fazladır.

3. Uyum Var mı?

> *Kendini Tanrı'ya makbul, gerçeğin bildirisini doğru kullanan, alnı ak bir işçi olarak sunmaya gayret et.*
>
> —2 Timoteos 2:15

İşyerinizde hissettiğiniz her ruhsal şeyi Tanrı'nın Sözü ve Kutsal Ruh'un tanıklığıyla karşılaştırın.

Gördüğünüz ve hissettiğiniz şey Söz ile uyumluysa ve bir tanığınız varsa, bu Kutsal Ruh'un iş başında olduğu anlamına gelir.

Gördüğünüz ve hissettiğiniz şey Söz ile uyumlu değilse ve bir tanığınız yoksa, bu bedenin veya düşmanın tanıklığıdır.

İşyerinizde Kutsal Ruh'un yollarına ve işleyişlerine karşı ruhsal duyarlılığınızı geliştirdikçe, O'nun yollarını düşmanın yollarından hızla ayırt etmeyi öğreneceksiniz.

6.4. BİR MENTORUNUZ OLSUN

> *Bilge kişi dinlesin ve kavrayışını artırsın, akıllı kişi yaşam hüneri kazansın.*
>
> —Özdeyişler 1:5

Şimdi sizi Kutsal Ruh tarafından yönlendirilen bir iş danışmanı, mentor veya ahit grubuyla çalışmanız için açıkça cesaretlendiriyorum.

Bu üçünden herhangi biri iyi olurdu.

Üçünün hepsiyle birlikte çalışmak olağanüstü olurdu!

Ruh liderliğindeki iş danışmanlığım boyunca öğrendiğim üzücü bir şey, çok, çok az iş dünyası liderinin koçluk almaya açık olmasıdır. Çok gururludurlar, çok "meşguldürler" veya hesap vermekten çok korkarlar.

Ancak, mütevazı, öğretilebilir bir ruha sahip deneyimli, Ruh tarafından yönlendirilen iş danışmanları arayanlar, danışmanlarla çalışmaya açık olmayanlardan çok daha hızlı kendilerini ve işlerini büyütürler.

Onlarca yıldır ben de birçok Ruh tarafından yönlendirilen profesyonel, koç, mentor ve hesap verebilirlik grubunun içinde çalıştım. Her durumda, beni iş yerinde daha cesur, peygambervari ve etkili bir Mesih elçisi olmaya teşvik ediyorlar, cesaretlendiriyorlar ve zorluyorlar.

Söylediğim şeyi uyguluyorum.

Sizin de öyle yapmanızı diliyorum.

3 Adımlı Mentor Hesap Verebilirlik Formülüm

> *Sonra İsa şunu ekledi: "İşitecek kulağı olan işitsin!"*
>
> —Markos 4:9

Size en güçlü ve basit koçluk formüllerimden birini vermek istiyorum, o kadar basit ki birçok profesyonel bunu küçümsüyor.

Yine de bu 3 adımlı modeli benimseyenler, 90 gün gibi kısa bir sürede dönüşümsel iş sonuçları elde ettiler.

Önümüzdeki 90 gün için arzu ettikleri hedefleri belirledikten sonra, bu iş insanlarına şu üç basit soruyu yanıtlamaları için meydan okuyorum:

ELİMİZDEKİ BÜYÜK AVANTAJ

- Hedeflere ulaşmak için ne yapmaya BAŞLAMALISINIZ?
- Hedeflere ulaşmak için ne yapmayı BIRAKMALISINIZ?
- Hedeflere ulaşmak için ne yapmaya DEVAM ETMELİSİNİZ?

Başla.
Dur.
Devam et.

Daha sonra danışmanlık pozisyonum, ilerlemeyi kontrol etmek, ayarlamak ve hedeflerine ulaşana kadar takip etmelerine yardımcı olmak için bir hesap verebilirlik ortağına dönüşür.

Bunu siz de deneyin.

İş yerinde büyük rekabet avantajınızı serbest bırakmak için başlamanız, bırakmanız veya yapmaya devam etmeniz gereken 2-3 şeyi aşağıya not edin.

Neyi yapmaya BAŞLAMALIYIM?

1.

2.

3.

Neyi yapmayı BIRAKMALIYIM?

1.

2.

3.

Neyi yapmaya DEVAM ETMELİYİM?

1.

2.

3.

Listenizi başka bir %2'li ile paylaşın. O kişiden kendi listesini oluşturmasını isteyin. Daha sonra, teşvik eden, ayarlayan, soru soran, başarıları kutlayan ve daha fazlasını yapan birer hesap verebilirlik ortağı olarak birlikte çalışın.

Daha da iyisi, Ruh tarafından yönlendirilen profesyonel danışmanlık hizmetleri için ödeme yaptığınız ücretli bir danışman bulmaya çalışın. Çünkü paranızı bir danışmana yatırdığınızda, taahhütlerinizi ve aldığınız tavsiyeleri yerine getirme olasılığınız çok daha yüksektir.

6.5. HER ŞEY YARATTIĞI ETKİ İLE İLGİLİ

Bu nedenle gidin, bütün ulusları öğrencilerim olarak yetiştirin; onları Baba, Oğul ve Kutsal Ruh'un adıyla vaftiz edin; size buyurduğum her şeye uymayı onlara öğretin. İşte ben, dünyanın sonuna dek her an sizinle birlikteyim." Amin.

—Matta 28:19–20

Sonuç olarak, her şey İsa için ulusları eğitmekle ilgilidir. Dünyadaki işimiz, bu düşmüş gezegeni müjdeyle ne kadar iyi etkilediğimizle ölçülecektir.

Kendileriyle birlikteyken onlara şu buyruğu vermişti: "Yeruşalim'den ayrılmayın, Baba'nın verdiği ve benden duyduğunuz sözün gerçekleşmesini bekleyin. Şöyle ki, Yahya suyla vaftiz etti, ama sizler birkaç güne kadar Kutsal Ruh'la vaftiz edileceksiniz." (Elçilerin İşleri 1:4–5)

Siz ve ben içimizde yaşayan bu vaadi taşıyoruz. Bu, hepimizin arzuladığı nihai etkiyi yaratmak için iş yerinizde artık daha iyi serbest bırakabileceğiniz bir vaadidir, yani şunu duymak...

"Efendisi ona, 'Aferin, iyi ve güvenilir köle!' dedi. 'Sen küçük işlerde güvenilir olduğunu gösterdin, ben de seni büyük işlerin başına geçireceğim. Gel, efendinin şenliğine katıl!'. (Matta 25:21)

Bu kitabın, Kutsal Ruh'un gücünü işinizde serbest bırakarak sonsuz etkinize ulaşma yolunda bir adım daha atmanıza yardımcı olmasını dilerim.

Grup Tartışması

İşinizde Kutsal Ruh'un gücünü serbest bırakmanın "En Önemli On Faydası" listenizi paylaşın. Diğer grup üyelerinin listelerinden hangi faydalar sizin için faydalı?

"Kayıt Tutmak" için şu anki planınız nedir? Bu grup bunu kullanmanız konusunda sizi nasıl sorumlu tutabilir?

"Başla, Dur, Devam Et" listelerinizi paylaşın. Listenizi bir hesap verebilirlik ortağıyla paylaşın ve 30 günlük bir hesap verebilirlik programı/sistemi oluşturun.

Bir iş danışmanı veya ruhsal koç, Kutsal Ruh ile yürüyüşünüzü nasıl iyileştirebilir?

Öğrendiğiniz bütün bunları, yeni ruhsal ve profesyonel yürüyüşünüzde nasıl devam ettireceksiniz?

1001 SORUNUN CEVABI

1001 sorunun cevabı... SENİ YÖNLENDİRMESİNE İZİN VER!

—Pastor Keith Moore

ÖNEMLİ AYETLER

İŞTE İŞ DÜNYASINDA BÜYÜK REKABET AVANTAJINIZI ortaya çıkarmanıza yardımcı olacak okumanız ve ezberlemeniz gereken önemli ayetler. Bunları elinizin altında bulundurun. Bu sözleri kalbinizin derinliklerine gömün.

Tanrı'nın Ruhu'yla yönetilenlerin hepsi Tanrı'nın oğullarıdır.

—Romalılar 8:14

Ruh'un kendisi, bizim ruhumuzla birlikte, Tanrı'nın çocukları olduğumuza tanıklık eder.

— Romalılar 8:16

Ben de Baba'dan dileyeceğim. O sonsuza dek sizinle birlikte olsun diye size başka bir Yardımcı, Gerçeğin Ruhu'nu verecek. Dünya O'nu kabul edemez. Çünkü O'nu ne görür, ne de tanır. Siz O'nu tanıyorsunuz. Çünkü O aranızda yaşıyor ve içinizde olacaktır.

—Yuhanna 14:16–17

Ne var ki O, yani Gerçeğin Ruhu gelince, sizi tüm gerçeğe yöneltecek. Çünkü kendiliğinden konuşmayacak, yalnız duyduklarını söyleyecek ve gelecekte olacakları size bildirecek.

— Yuhanna 16:13

Fakat kulum Kaleb'i görmüş olduğu memlekete kesinlikle götüreceğim, soyundan olanlar da orayı mülk edinecek; çünkü o farklı bir ruh gösterdi ve tüm yürekle Benim yolumdan gitti.

—Sayılar 14:24

Rab'be güven bütün yüreğinle, kendi aklına bel bağlama. Yaptığın her işte Rab'bi an, O senin yolunu düze çıkarır.

—Özdeyişler 3:5-6

Her zaman sevinin. Sürekli dua edin. Her durumda şükredin. Çünkü Tanrı'nın Mesih İsa'da sizin için istediği budur. Ruh'u söndürmeyin.

—1 Selanikliler 5:16-19

Canımı hiç önemsemiyorum, ona değer vermiyorum. Yeter ki yarışı bitireyim ve Rab İsa'dan aldığım görevi, Tanrı'nın lütfunu bildiren Müjde'ye tanıklık etme görevini tamamlayayım.

—Elçilerin İşleri 20:24

Dünyayı da dünyaya ait şeyleri de sevmeyin. Dünyayı sevenin Baba'ya sevgisi yoktur. Çünkü dünyaya ait olan her şey –benliğin tutkuları, gözün tutkuları, maddi yaşamın verdiği gurur– Baba'dan değil, dünyadandır.

—1 Yuhanna 2:15-16

ÖNEMLİ AYETLER

Kapıyı bekleyen ona kapıyı açar. Koyunlar çobanın sesini işitirler, o da kendi koyunlarını adlarıyla çağırır ve onları dışarı götürür. Kendi koyunlarının hepsini dışarı çıkarınca önlerinden gider, koyunlar da onu izler. Çünkü onun sesini tanırlar.

— Yuhanna 10:3–4

Yazılmış olduğu gibi, "Tanrı'nın kendisini sevenler için hazırladıklarını hiçbir göz görmedi, hiçbir kulak duymadı, hiçbir insan yüreği kavramadı." Oysa Tanrı Ruh aracılığıyla bunları bize açıkladı. Çünkü Ruh her şeyi, Tanrı'nın derin düşüncelerini bile araştırır. 11İnsanın düşüncelerini, insanın içindeki ruhundan başka kim bilebilir? Bunun gibi, Tanrı'nın düşüncelerini de Tanrı'nın Ruhu'ndan başkası bilemez.

—1 Korintliler 2:9–11

Tanrı'nın bize lütfettiklerini bilelim diye, bu dünyanın ruhunu değil, Tanrı'dan gelen Ruh'u aldık.

—1 Korintliler 2:12

Bu çağın gidişine uymayın; bunun yerine, Tanrı'nın iyi, beğenilir ve yetkin isteğinin ne olduğunu ayırt edebilmek için düşüncenizin yenilenmesiyle değişin.

—Romalılar 12:2

Rab'den miras ödülünü alacağınızı bilerek, her ne yaparsanız, insanlar için değil, Rab için yapar gibi candan yapın. Rab Mesih'e kulluk ediyorsunuz.

—Koloseliler 3:23–24

ELİMİZDEKİ BÜYÜK AVANTAJ

Kutsal Ruh ve bizler, gerekli olan şu kuralların dışında size herhangi bir şey yüklememeyi uygun gördük.

—Elçilerin İşleri 15:28

Ask, and it will be given to you; seek, and you will find; knock, and it will be opened to you.

—Matta 7:7

Tanrı'nın Kutsal Ruhu'nu kederlendirmeyin. Kurtuluş günü için o Ruh'la mühürlendiniz.

—Efesliler 4:30

Annesi hizmet edenlere, "Size ne derse onu yapın" dedi.

—Yuhanna 2:5

Yabes, İsrail'in Tanrısı'na, "Ne olur, beni kutsa, sınırlarımı genişlet!" diye yakardı, "Elin üzerimde olsun, beni kötülükten koru. Öyle ki, acı çekmeyeyim." Tanrı onun yakarışını duydu.

—1 Tarihler 4:10

İyilik yapmaktan usanmayalım. Gevşemezsek mevsiminde biçeriz.

—Galatyalılar 6:9

Bir Davet

ARTIK *ELİNİZDEKİ BÜYÜK AVANTAJ* yolculuğunuzu tamamladığınıza göre, şu anda kalbinizde patlamaya hazır bir gerçek, Tanrı'nın lütfudur; hayatınızın ayrıntılarıyla ne kadar ilgilendiği ve elinizi attığınız her şeyi kökten geliştirme arzusudur. Tırmanmanız için tasarladığı dağın boyutuna bakılmaksızın, Koruyucu, Rehber, Öğretmen, Arkadaş ve Baba olarak sizinle olmak ister. Neden? Çünkü sizi seviyor ve hayatınız için harika bir planı var.

Peki, bu davet nedir? Sizi Oğlu İsa Mesih aracılığıyla Tanrı ile kişisel bir ilişkiye davet etmek istiyorum.

Bu kitap İsa ile zaten bir ilişki içinde olanlar için yazılmış olsa da, belki de bunu okurken İsa ile bir ilişkiniz yoktu. Tanrı hakkında bilginiz var, ancak O'nun size olan sevgisini hiç hissetmediniz veya hayatınız için yapmış olduğu planı hiç bilmediniz.

Tanrı'nın sunduğu her şey İsa ile kurduğunuz ilişki aracılığıyla mevcuttur. Bunu İncil'de Yuhanna 3:16'dan biliyoruz: "Çünkü Tanrı dünyayı o kadar çok sevdi ki, biricik Oğlu'nu verdi. Öyle ki, O'na iman edenlerin hiçbiri mahvolmasın, hepsi sonsuz yaşama kavuşsun."

Tanrı'nın planı sizin O'nun bollukla dolu yaşamını deneyimlemenizdir. İsa bunu takipçilerine " Bense insanlar yaşama, bol yaşama sahip olsunlar diye geldim" (Yuhanna 10:10) dediğinde açıkça belirtti.

"Ama ben bol yaşama benzeyen hiçbir şey deneyimlemiyorum... en azından içimde" diye düşünüyor olabilirsiniz. Bunun nedeni, "Çünkü herkes günah işledi ve Tanrı'nın yüceliğinden yoksun kaldı" (Romalılar 3:23) ifadesiyle sunulmuştur. Tanrı ile ilişki kurmak, O'nun yaşamını ve sevgisini bilmek için yaratıldık, ancak affetmememiz, acımız, isyanımız veya kayıtsızlığımız Tanrı'nın günah dediği şeydir ve bizi hayatımızdaki diğer insanlardan ayırdığı gibi O'ndan da ayırır.

İncil, günahımızın ölüm cezasını hak ettiğini söyler, ancak Müjde şu ki İsa bu cezayı bizim için—sizin için—ödedi! "Tanrı ise bizi sevdiğini şununla kanıtlıyor: Biz daha günahkârken, Mesih bizim için öldü" (Romalılar 5:8). İncil, İsa'nın bir Roma çarmıhında öldüğünü, bir mezara gömüldüğünü ve ardından üç gün sonra hayata döndürüldüğünü bildirir. Bunu yaptığında, yalnızca günahlarımızın bedelini ödemekle kalmadı, aynı zamanda ölümü de yendi. Bu yüzden takipçilerine, "Yol, gerçek ve yaşam Ben'im" dedi. "Benim aracılığım olmadan Baba'ya kimse gelemez" (Yuhanna 14:6) diyebildi.

Her şeyden çok, tıpkı iyi bir babanın çocuklarına yakın olmaktan zevk alması gibi, gökteki Babanız da sizinle yakın bir ilişki kurma özlemi duyar. Tanrı'nın sevgisini hiç deneyimlemediyseniz, bunu hemen şimdi deneyimleyebilirsiniz! İsa Mesih'e, O'nun sizi günahınızdan kurtarmak için öldüğüne ve hayata döndürüldüğüne inanırsanız, kurtarılacaksınız. Aslında, İsa "yeniden doğacağınızı" söyledi, bu da Tanrı'nın bir çocuğu olarak yeni bir aileye doğduğunuz anlamına gelir. Yuhanna 1:12, "Kendisini [İsa'dan bahsediyor] kabul edip adına iman edenlerin hepsine Tanrı'nın çocukları olma hakkını verdi." der.

Eğer İsa'nın hayatını içinize almak ve Tanrı'nın bir çocuğu olarak "yeniden doğmak" istiyorsanız, bu çok basit. Tanrı nerede olduğunuzu bilir ve O, sizin sözlerinizle kalbinizle ilgilendiği kadar ilgilenmez. Kendi sözlerinizle O'na seslenebilirsiniz ve O sizi duyar.

Yardıma ihtiyacınız varsa, işte size rehberlik edecek basit bir dua:

> İsa, Sana ihtiyacım var. Günahlarım için çarmıhta öldüğüne inanıyorum. Kalbimi açıyorum ve Seni Kurtarıcım ve Rab'bim olarak kabul ediyorum.

Günahlarımı bağışladığın ve bana sonsuz yaşam verdiğin için minnettarım. Hayatımın kontrolünü sana teslim ediyorum. Gel ve kalbimin tahtına otur ve hayatımla yapmak istediğini yap. Beni olmamı istediğin kişi yap.

İsa Mesih'e inandıysanız ve O'nu Kurtarıcınız ve Rab'biniz olmaya davet ettiyseniz, o zaman Tanrı ile yeni ve heyecan verici bir ilişkiye adım atmışsınız demektir! Sizinle birlikte sevinmek istiyoruz. Lütfen hello@DrJimHarris.com adresinden bize e-posta gönderin, böylece yeni hayatınızda sizinle birlikte sevinebilelim!

—**Ben Watts**, pastör ve apostolik öğretmen

DR. JİM HARRİS HAKKINDA

DR. JİM ÖĞRETMEN, TV SUNUCUSU VE RUHSAL danışman olarak dünya çapındaki iş, devlet ve bakanlık liderlerine hizmet veriyor.

Elimizdeki Büyük Avantaj'ı yazmadan önce Dr. Jim, Walmart, IBM, Best Buy, State Farm (ABD ve Kanada), Johnson & Johnson, Ford Motors, Outakumpa Oy (Finlandiya), Nature's Way Foods (İngiltere) ve onlarca başka şirket de dahil olmak üzere dünyanın en iyi yönetilen şirketlerinin çoğuna danışmanlık yaptı.

Günümüzde Dr. Jim, vaka çalışmaları, röportajlar ve derin öğretiler aracılığıyla işinizde Kutsal Ruh'un tüm gücünü nasıl serbest bırakacağınızı öğreneceğiniz *The Unfair Advantage Show*'a ev sahipliği yapıyor. Programı JCCEOS.TV'de, medya kanallarında veya herhangi bir büyük podcast platformunda izleyebilir veya dinleyebilirsiniz.

Dr. Jim'in başlıca tutkusu, iş dünyası liderlerine Krallığın vahiylerini şirketlerine entegre ederek işlerinde nasıl 30, 60 ve hatta 100 kat artış elde edeceklerini öğretmektir; hepsi İsa için ruhların son hasadını finanse etmeye yöneliktir.

Dr. Jim ile iletişime geçin ve onu takip edin:

- E-posta: Hello@DrJimHarris.com
- Web: www.DrJimHarris.com
- LinkedIn: www.linkedin.com/in/drjimharris
- YouTube: @drjimharris
- Twitter/X: @drjimharris
- Facebook: @drjimharris
- Instagram: @drjimharris

ELİMİZDEKİ BÜYÜK AVANTAJ

Elimizdeki Büyük Avantaj kitabının kopyalarını toptan satın almak için lütfen www.HighBridgeBooks.com/contact adresinden High Bridge Books ile iletişime geçiniz.

www.ingramcontent.com/pod-product-compliance
Lightning Source LLC
Chambersburg PA
CBHW022108090426
42743CB00008B/761